EL ORÁCULO
— DE LOS —
ÁNGELES

YOHANA GARCÍA

EL ORÁCULO
— DE LOS —
ÁNGELES

OCEANO

EL ORÁCULO DE LOS ÁNGELES

© 2023, Yohana García

Diseño de portada: Jorge Garnica
Fotografía de la autora: Blanca Charolet

D. R. © 2023, Editorial Océano de México, S.A. de C.V.
Guillermo Barroso 17-5, Col. Industrial Las Armas
Tlalnepantla de Baz, 54080, Estado de México
info@oceano.com.mx

Primera edición: 2023

ISBN: 978-607-557-766-1
Deoósito legal: B 13573-2023

Impreso en España / Printed in Spain

9005752010723

Índice

Mensaje de la autora

Constituye para mí un motivo de enorme placer entregar a mis queridos lectores esta nueva edición de mi libro *Salvemos al amor*.

Se trata de una obra que, si bien respeta de manera puntual las ideas y propuestas originales, intenta presentarlas de una manera más accesible, clara y moderna. Es una actualización totalmente revisada que, entre otras cosas, amplía el oráculo de los ángeles. La voz que habla en el fondo de estas páginas es, como en todos mis libros, la de Francesco. Su presencia se manifiesta en las palabras que he escrito y que ahora entrego con la esperanza de que puedan iluminar el camino de todos ustedes. *Salvemos al amor* es una guía práctica que enseña a simplificar nuestra vida, a ir siempre por más y confiar en nosotros y en nuestras capacidades para alcanzar las metas que nos hemos propuesto.

Sean ustedes bienvenidos y adentrémonos juntos en esta aventura llena de amor y esperanza.

Encontrarás información complementaria
en el siguiente enlace:
www.oceano.com.mx/salvemosalamor.aspx

Agradecimientos

Cuando el espíritu está rebosante de afectos y cuando se ha recibido amor y apoyo de tantas personas no resulta fácil escribir una página que exprese mi agradecimiento a todos. Una vez me encontré con un libro que tenía la mitad de sus páginas cubiertas con dedicatorias. En mi caso, la lista de hombres y mujeres con los que tengo una deuda de gratitud es tan enorme que ocuparía toda esta obra. A todos ellos les digo que, aunque no los mencione, siempre tendrán un lugar especial en mi corazón. Así pues, por motivos de espacio, me limito a reconocer aquí a Dios, a la vida, a mis hijos Robert y Christian, a Marian, a mi madre Mabel, a mi padre Ernesto y a Francesco.

Agradezco, asimismo, a mi hija del alma Ceci.

Vaya también mi reconocimiento a la gente de Editorial Océano, especialmente a su director Rogelio Villarreal Cueva, a Guadalupe Ordaz y Guadalupe Reyes, a Angélica Aguirre y Adriana Cataño. A mis alumnos, a mis maestros, a mis radioescuchas, a los terapeutas de mi centro holístico y, sobre todo, a mis lectores.

Los ángeles nominados

—¿Dónde están los ángeles enamorados? —preguntó un ar-cángel—. Búsquenlos y reúnanlos para el atardecer, díganles que Dios quiere hablar con ellos.

—¿Solamente busco a los enamorados o llamo a los otros ángeles también?

—A los nominados, por favor.

—Entonces será fácil encontrarlos, ellos son pocos.

En el cielo sólo habitan seres de luz, los cuales siempre se encuentran envueltos en una danza interminable de movi-miento y luces. Ellos desparraman su energía y su amor por donde se encuentren. Es un placer ver tantos espíritus flo-tando, que cumplen con sus tareas. Muy pocos quieren vol-ver a la Tierra; algunos ni la conocen.

El cielo es parte de la perfección de Dios y el hombre también forma parte de esa perfección. Han pasado miles de años y ellos todavía no saben ni la cuarta parte de lo que su-cede en su propio mundo.

Los hombres le tienen miedo a la muerte y se pierden de vivir. Pierden tiempo en cosas materiales y luego piden conocer más sobre el campo espiritual. Son inteligentes, ca-paces de realizar maravillas, pueden crear lo que deseen; no les falta nada.

Sus cuerpos son perfectos, su naturaleza es sabia. Creo que la Tierra es tan perfecta como el cielo.

—Agustín, ¿reuniste a los ángeles? Siempre te encuentro mirando hacia el espacio. ¿Se te ha perdido algo?

—Sabes, a veces fantaseo que hablo con los humanos.

—¿Y para qué quisieras comunicarte con ellos?

—Para saber por qué son tan infelices; por qué se quejan tanto —contestó Agustín.

—¿Y tú qué sabes?

—Simplemente observa cuántos espíritus, al llegar aquí, comentan que estar en el cielo es un placer, que si tuvieran que elegir no volverían. Se ve que allá debe ser difícil.

—Pero hay otros que vuelven a la Tierra.

—Claro, a lo mejor no es tan difícil vivir.

Con un fuerte chistido, un arcángel les pidió que fueran a buscar al resto. Y juntos al atardecer estarían reunidos con Dios.

Los enamorados eran ángeles altos, rubios, con túnicas rosas, alas grises, ojos celestes, coronas doradas y sonrisas alegres. Dios se presentó ante los ángeles y les indicó una misión:

—Queridos ángeles, mi amor por todo es infinito, pero hay algo que quiero que me traigan como respuesta de la Tierra, hay algo que sucede con ciertas personas. Yo les di mi corazón, no sólo para que se llene de latidos, sino para que lo sientan, pero lamentablemente parece que se olvidaron. Sé que en la Tierra hay muchísimos problemas, hay fallas...

—¡Pero si tú todo lo has hecho perfecto! ¿Cómo, mi Dios, puede tener fallas?

—Ellos son perfectos y tienen la opción de ser felices, pero no la eligen, no les importa, aunque digan lo contrario. Dicen una cosa y hacen otra, están cada vez con más adelantos y yo los veo cada vez más atrasados. Las mujeres necesitan ayuda. Les pido que las observen. Ellas son maravillosamente luminosas, sanas, auténticas, nobles, son seres comunicativos. Tienen el don de la reflexión, el don del perdón y sin embargo... Ya han cambiado de siglo y otra vez veo que algo falla: hacen la mitad de lo que pueden hacer y se sienten doblemente cansadas. ¡Pobres hijas mías, cómo las amo!

Un silencio profundo marcó la pausa, y el ángel nominado más tímido levantó su ala para pedir la palabra.

—Hay algo que quisiera saber... ¿Por qué debemos observar a las mujeres solamente y no a los niños, a los ancianos, a los hombres? ¿Por qué no ayudar a todos?

—Porque ellas son las elegidas. Son las madres, como la tierra. Ellas pueden llevar en el vientre el amor más grande que pueden tener en la vida. Son sensibles y capaces de cambiar al mundo. A veces, de tanto hacer se equivocan y sufren demasiado.

—¿Los hombres no hacen tanto, no son sensibles?

—Sí, claro que sí. Pero el hombre ha sido figura preponderante en la historia y de ellos me iré ocupando más adelante. Además, ellos son más prácticos con la vida. Cuando son niños se pelean y con dos empujones terminan sus discusiones. Sin embargo, ellas, cuando se enfrentan, no terminan de contar sus problemas. Son sensibles y por demás trabajadoras. Pero hay algo que no está bien y quiero que lo averigüen para que saquen sus propias conclusiones. Saben que aquí, en el cielo, son muchos los pedidos que recibimos de los seres humanos. Yo les concedo lo que me piden si la solicitud es clara, pero hemos sentido que aquí los deseos llegan confusos, sobre todo los de las mujeres, entonces es más difícil concederles lo que ellas llaman *milagros*. Hoy piden una cosa, mañana desean otra.

—¡Pobres personas! Parece que no aprenden más.

—No, no es así —dijo Dios.

—¿Ellos siguen siendo tu amor más grande?

—Por supuesto que sí.

—Yo tengo una duda: ¿cuál sería el objetivo de esta tarea? ¿Que aprendamos a conocerlas para algo especial? ¿Ellas nos verán? ¿Nosotros somos visibles para los humanos?

—No los verán, quédense tranquilos.

—¿Y cuándo iremos?

—Arreglen los últimos detalles con los arcángeles.

—¿No sería más fácil esa tarea para ellos? Nosotros nunca hemos estado allá, no sabemos distinguir absolutamente nada, como buenos espíritus felices que somos. ¿Cómo sabremos si nos equivocamos?

—Entonces, ¿qué harán? Se lo diré. Mañana estará cada uno en su tarea. Una vez por semana irán a reunirse en una plaza en la que compartirán juntos sus experiencias y luego los mandaré llamar. ¡Ah! Me olvidaba, hay un solo detalle que deberán tener en cuenta: se acercarán a mujeres de mediana edad, que estén enamoradas. ¡Irán a cumplir su primera misión!

—¡Ah! Eso es más difícil —exclamó Lorenzo—. ¿Cómo sabremos que están enamoradas? ¿Llevan algo que las distingue del resto?

—Sí, llevan más luz en sus ojos y en sus corazones, tienen una vibración más alta. No sólo pueden estar enamoradas de alguna persona, pueden estar enamoradas de la vida. Pueden estar enamoradas de su trabajo o de un ideal.

—Tendremos una experiencia interesante. ¿Cuándo iremos?

—Mañana estarán mezclándose con las personas. Despídanse de este lugar porque también tendrán la opción de quedarse allí, si así lo desean.

Y llegó el día tan esperado para estos ángeles. El cielo estaba más celeste que nunca, se olía esa mezcla de perfume extraño y exótico que ningún humano haya conocido alguna vez, la temperatura era templada y los ángeles se percibían por doquier. Nada se podría describir con palabras. Ellos estaban muy entusiasmados con llegar a la Tierra. Después de todo, era la primera vez que salían de su cielo.

Llegar a la Tierra no les llevaba demasiado tiempo. Bastaba con dar un par de vueltas sobre su eje, emanar luz, abrir sus alas y ya estaba. Los angelitos saben trasladarse de una manera maravillosa, pero ellos nunca habían hecho un viaje tan largo. ¡Pobrecitos!, llegaron a la Tierra en un estado casi deplorable. Sus alas se despeinaron y a Manuel, el ángel más pequeño, se le perdió la corona que le había regalado su tío abuelo. Lorenzo, que recién se estaba levantando, quedó colgado de un árbol que estaba en la plaza. A Nazareno se le enredó su túnica con la cúpula de la iglesia. Por suerte, llegaron todos al mismo lugar, ninguno se perdió.

—Es hora de que empiecen con su tarea —dijo Joaquín, el ángel que tenía más carácter.

—¿Y qué haremos ahora? —preguntó Marcos.

—Bueno... déjenme pensar... ¿Qué les parece si nos separamos, buscamos a las mujeres y luego nos reunimos en la puerta de la iglesia, justo cuando den ocho campanadas? Enfrente de la plaza.

—Si están todos de acuerdo, podríamos empezar...

Los ángeles se fueron a dar vueltas por las calles a buscar a estos seres que, según Dios había dicho, cambiarían la historia del mundo. Pero ¿dónde estarían las mujeres enamoradas? Se preguntaban si serían muchas las que estarían pasando por ese estado. ¡Era gracioso ver a los ángeles tan desorientados!

Todas las mujeres que transitaban por las calles estaban tan sombrías de energía que, por supuesto, no estaban enamoradas. Tan preocupadas caminaban que algunas hablaban solas; unas más tenían sus miradas tristes. Se las veía en grupo, pero se sentían solas. Andaban por las calles, todas muy bonitas, pero había algo en ellas que seguramente estaba fallando.

Después de haber observado detenidamente a muchas de las bellas mujeres que iban por las calles, Joaquín no pudo con su genio y decidió no perder más tiempo. Se dispuso a quedarse con una jovencita que terminaba de salir de una cabina telefónica.

Ni siquiera se fijó si tenía la luz que mostraba estar enamorada. La muchacha entró en el consultorio de una psicoterapeuta, se recostó en un diván y habló de su desconcierto en sus relaciones afectivas. Expresaba que su pareja la había dejado de un día para otro, que no le había ofrecido ninguna explicación de su decisión. Ella le había dado todo su tiempo, había dejado cosas por él, y él no había valorado nada.

Martina era su nombre. Se la veía triste. Cada relato lo terminaba diciendo: "Yo no tengo suerte...". Los hombres que se presentaban en su vida decían estar muy enamorados de ella. Y cuando ella se entregaba al amor y se entregaba hasta los huesos, ellos la dejaban. Ahora Martina estaba sola y, con apenas 26 años, no vislumbraba un futuro demasiado alentador.

—¡No hay hombres nobles! —concluyó cuando la psicoterapeuta dijo que ya era hora de terminar la sesión y Martina se quedó con la mejor parte por decir. Pagó la consulta y se fue sin resolver nada. Joaquín había sentido deseos de darle un abrazo de oso...

El ángel Lorenzo, en cambio, estaba muy atento a la luz que le indicaba quién estaba enamorada, y después de mucho perseverar la encontró. Ella salía de un local de venta de música, llevaba unos cuantos discos compactos. La muchacha tendría treinta y tantos años (Lorenzo no era bueno para calcular edades), era alta, delgada, de tez mate y cabello largo. Para Lorenzo fue grande la sorpresa que le causó descubrir que ella estaba enamorada de alguien que ni siquiera la tenía en cuenta.

Sabrina era el nombre de la mujer y él se llamaba Juan Cruz. Se habían conocido en una entrevista de trabajo y ella quedó cautivada. Desde esos días no dejaba de pensar en él. Hasta escuchaba canciones que hablaban de vivir un gran amor. Pasó el tiempo y ella no volvió a ver a Juan Cruz nunca más, pero no dejaba de pensarlo, lo veía en todos lados, lo extrañaba. Sufría de una especie de obsesión. Él, en algún momento, le mencionó que iba con frecuencia a un bar; por lo tanto, Sabri pasaba por allí a todas horas para ver si lo encontraba.

Así pasaron años. La obsesión no le dejaba ver a los demás hombres que la miraban. ¡Era una verdadera lástima! Lorenzo no podía entender cómo una mujer podía amar tanto a alguien que no estaba presente en su vida...

Nazareno era un ángel tierno y con mucho sentido del humor. Al ver fisonomías tan serias, se dijo para sus adentros:

—¡Esta gente no sabe vivir! ¿Pero qué les pasa a todos? No solamente son las mujeres las que se ven tristes, los hombres también se ven grises. ¿Qué estoy buscando? —dijo en voz alta—. Ah... mujeres enamoradas, mujeres con luz, pero ¿dónde están, que no las encuentro? No perderé las esperanzas, seguiré buscando...

Y de pronto vio una mujer que salía de una librería con un libro pequeño. En el título se leía *Viva sin estrés.*

—Estrés. ¿Qué será eso? —pensó Nazareno.

La mujer tenía una luz muy bonita, bastante especial. Nazareno la siguió con pasos de ángel. Mientras lo hacía, ella se encontró con una amiga que estaba viviendo el duelo de la separación. Sólo había pasado una semana desde que su marido se había ido de la casa.

—¿Tus hijos cómo están? —preguntó la amiga.

—No muy bien, pero ellos podrán entender que los dos necesitábamos ese tiempo.

La amiga de la mujer le propuso otro encuentro para conversar en los próximos días. Mientras tanto, pensaba para sus adentros cómo, después de tantos años de matrimonio, su amiga había tomado una decisión tan drástica, tan dura y tan difícil como una separación. Las amigas se despidieron y prometieron seguir la charla en un café.

Melody era el nombre de la mujer que Nazareno estaba siguiendo. Después de varios días de estar instalado invisiblemente en su casa, el ángel fue testigo de una gran historia de amor. Melody recibió una llamada de un joven que había conocido en un encuentro espiritual. La cara se le iluminó; Nazareno pudo contemplar cómo la luz de su energía brillaba aún más. Ella escuchó atentamente el relato del joven, quien le expresó lo que sentía por ella. Le dijo tantas cosas bonitas que su corazón galopaba; su voz temblaba sin poder formar una palabra coherente con la otra.

Pasaron los días y el romance telefónico continuaba. Todas las noches, antes de las doce, él llamaba para hablarle de amor. Ella se ilusionó y por fin llegó el encuentro tan esperado: él tuvo que viajar largos kilómetros para encontrarla. Ella buscó desesperadamente algo bonito para ponerse. Eligió el perfume Duende y salió a su primer encuentro.

Hacía más de diez años que ella no escuchaba una declaración de amor. No podía creer que alguien tan especial prestara atención a su persona. El encuentro fue único. Ella estaba tan nerviosa que sentía un nudo en el estómago; él tenía las manos mojadas por el nerviosismo. Se encontraron en un restaurante con vista a la plaza del Pilar. Hubo miradas, charlas y, en un momento, él hizo una pregunta tan difícil y profunda que dejó a Melody sin palabras.

—Melody, ¿qué es el amor?

Por unos momentos, el silencio fue el protagonista de la conversación.

—Yo nunca me enamoré y creo que no voy a poder lograrlo en esta vida —terminó diciendo el joven.

Fueron juntos a caminar. Luego hubo más encuentros y una noche de llovizna de enero durmieron juntos. Un mes después fue la última cita. Se despidieron ignorando que nunca más volverían a verse. Él decidió alejarse porque no sabía si podía enamorarse y, a la vez, temía que algo así le sucediera.

Melody lo llamaba. Él no le contestaba. Pasó el tiempo y nunca más supo nada de él. Por eso, ella nunca más quiso enamorarse.

Nazareno vivió cada minuto de ese amor. Por las tardes, mientras ella leía, él le regalaba aromas de jazmines esparcidos en su casa. Melody ya no era la misma, ahora era desconfiada y más asustadiza. Cuando se reunía con sus amigas, todas compartían sus secretos, todas llevaban un gran amor en su alma, una ilusión en su corazón.

Los días y los meses fueron pasando hasta que llegó el momento en que los ángeles debían encontrarse entre ellos para compartir sus experiencias. El encuentro se realizó en la plaza del Pilar a las ocho. Esperaron que la plaza quedara medianamente a solas, mientras vendedores y tarotistas levantaban sus puestos. Lorenzo, Nazareno y Joaquín se sentaron en el pasto humedecido de rocío y comenzaron sus relatos. Nazareno fue quien encabezó la charla.

—En este planeta están todos locos. Cada uno está por su lado, nadie piensa en nadie. Los hombres se quejan porque se sienten solos. Las mujeres se quejan porque se sienten solas. Yo pregunto: ¿por qué no se juntan de una vez?

—No. Ése no es el problema —dijo Joaquín—. El problema es que ellas siempre creen lo que les dicen.

—No, ése no es el problema... El problema es el teléfono que no suena.

—¡Quéee...! —dijeron al unísono.

—Sí, es el teléfono móvil que no tiene buena señal. Cuando alguien las deja, ellas quedan esperando que su expareja las vuelva a llamar y el teléfono no suena. Entonces se deprimen. Miran su teléfono, sus mensajitos, y muchas veces ni siquiera miran por dónde caminan por no soltar su móvil.

—Bien, entonces hagamos una lista para después dársela a nuestro jefe, Dios.

—El problema es el teléfono que no suena. En la Tierra deberán reparar el servicio.

—No, para mí —acotó Nazareno— el problema es que tienen estrés, una enfermedad que es contagiosa y las hace estar de mal humor.

—¿Y tú cómo lo sabes?

—Hojeé un libro mientras Melody lo leía... y decía que los baños de sales eran ideales para combatir el estrés.

—Entonces necesitan sales y agua. Pondremos en la lista: *Por culpa de una extraña enfermedad, las mujeres se enojan. Necesitan más agua y más sales; estas sales no curan, mejoran.*

—Mira qué rara es toda la vida que llevan.

—¿Por qué?

—Trabajan, se cansan y después hacen terapia para volver a contar el cansancio que sintieron la semana anterior.

—Pagan para que las escuchen y, cuando están en lo mejor de la charla, el reloj las deja con la palabra en la boca.

—Entonces anotaremos otro punto: *Se necesitan psicoterapeutas que den sesiones de una hora y media.*

—No, ésos no son los problemas que aquejan a estas mujeres, la cosa es más grave —dijo el pequeño Manuel.

—¿Y tú qué sabes?

—Yo sé porque estuve viviendo estos días con una mujer de noventa años que se llama María. Aprendí tanto de ella que creo que puedo contarte cuál es el problema por el que sufren. Antes las mujeres vivían más felices porque tenían menos responsabilidades, los hombres no miraban la televisión ni estaban inmersos en las computadoras. Se hablaba más, se disfrutaba de otra manera. Ahora no hay tiempo, no hay palabras, la gente no se anima a decir lo que siente, tiene miedo a ser rechazada.

—Algo de razón tienes, pero ¿cuál es la solución? Apúntala en la lista.

—Hay que eliminar computadoras, televisores y todas las responsabilidades extras de las mujeres. Nadie se anima a decir los sentimientos que hay en su corazón.

—Bien... ¿Qué más aprendiste de esa mujer?

—Ah... me olvidaba, ella vivía enamorada, dice que es el estado ideal. Cuando se le iba el encantamiento, cambiaba de persona y se volvía a enamorar.

—Pero ¿es una transgresora?

—Dijo además que no dejaba que la pasión se aplacara nunca. Así llegó feliz a los noventa.

—Por lo tanto, apunta: *Deben vivir enamoradas. Cuando el encanto se rompe, saldrás disparado.*

—¡Disparados saldrán ustedes con semejantes estupideces que estoy escuchando! —dijo una voz de hombre.

—¿Y usted quién es? ¿Cómo nos puede ver?

—Claro que los puedo ver. Son ángeles y muy bonitos, por cierto.

—Pero ¿cómo es que nos puede ver?

—Permítanme que les explique. Yo soy mago, trabajo en esta plaza. Leo unas piedras con símbolos vikingos que llamamos runas. Ése es mi trabajo. Para mí es misión y pasión, es lo que amo. Me gusta orientar a las personas. Tengo ciertos dones que me ayudan, entre ellos, poder verlos.

—¿Cómo te llamas?

—Me llamo Ramón y vivo en esta plaza. Duermo en un banco bajo las estrellas y muchas veces bajo la lluvia. La gente me mira, piensa que estoy loco, pero estoy más cuerdo que nunca.

—¿Cómo llegaste a esta situación?

—Yo tenía una mujer y dos hijas. Un día ella desapareció junto con las niñas; nunca más supe de ellas. Me deprimí, perdí el trabajo, me volví alcohólico y quemé mi casa en una noche de borrachera. Pasó el tiempo y empecé a ver cosas, a escuchar voces, y descubrí que podía ver ángeles a mi lado, santos; vi lo más lindo que pueden ver mis ojos. Los estoy escuchando desde hace un largo tiempo sin saber la misión que deben tener asignada. Yo les pediría que rompieran la lista que están haciendo de personas enamoradas. Me parece que no saben nada. ¡No se ofendan, por favor!

—Tiene razón —dijo Lorenzo.

—El amor no tiene recetas. Lo que funciona para algunos no funciona para otros. Dejen todo lo que están haciendo y vengan a escuchar las historias que me cuentan las personas. De ellos van a aprender lo que es sufrir o disfrutar del amor.

—¡Nos podemos quedar, será un honor!

—Bien, vengan conmigo.

—¡Runas, runas, runas! —gritaba Ramón invitando a las personas que pasan por la plaza del Pilar. Y el ángel más pequeño y curioso siguió a Ramón hasta su casa. Ramón vivía en un lugar muy especial. Era una casa pequeña con un altar maravilloso y lleno de imágenes de todos los lugares del mundo. Tenía una biblioteca inmensa que parecía guardar todos los escritos de la humanidad.

El hombre le sirvió un vaso de vino, pero el ángel no atinó a decir que ellos no tomaban. El pequeño angelito apenas se animó a mojar sus labios, pero como le pareció un gusto algo picante y atractivo, se tomó todo lo que tenía servido, luego estiró su mano y le pidió a Ramón que le sirviera más.

Tanto le gustó el vino que se emborrachó. Sentía que todo le daba vueltas y Ramón le tuvo que quitar la botella y le dio un rosario para que rezara y pidiera perdón por lo que acababa de hacer. El ángel lo miró como no entendiendo. Ramón se echó a reír y le dijo:

—Vamos, angelito beodo, que tenemos mucho trabajo. Te prestaré un libro para que puedas entender un poco la vida de quienes vivimos en este mundo.

El ángel le dijo que ellos también estaban haciendo un libro que terminarían cuando los ángeles les dieran todos los interrogantes de los humanos a Dios y que luego, cuando ya estuviera finalizado, traería un ejemplar para su biblioteca.

Ramón agregó:

—No sólo para mi biblioteca. Se lo daremos a todo el mundo porque recuerda, angelito, que no sólo de pan vive el hombre.

Primera parte

Tu relación contigo mismo y con los demás

Nuestra esencia

No existe gente "buena"
o gente "mala". Podríamos decir que
las personas son "consideradas"
o "desconsideradas". Tomemos de la mano
a las personas generosas, leales, abiertas,
espiritualmente sanas.

LA BONDAD Y LA MALDAD

Es muy difícil cambiar la esencia con la que has nacido. Puedes ser un árbol noble y, por más que te den hachazos, te quiten las hojas o te sacuda el viento, seguirás dando los frutos más ricos aunque no lo quieras. Puedes haberte enojado por tanto maltrato y jurar nunca más dar un fruto, pero en cuanto alguien te mire con cariño o con ternura, tendrás frutos más dulces que cualquier otro árbol.

Podemos pensar en gente de una esencia *sana*, cuyo fuego de amor se aviva para ofrecer calor en cuanto alguien se acerca, o en gente *enferma* de poder, con furia y resentimiento, cuyo fuego se enciende con la fuerza suficiente para devastar un bosque.

Nadie puede saber qué es bueno y qué es malo. Todo siempre dependerá de lo que pienses frente a las circunstancias que te toquen vivir. Algunas personas que calificamos como *buenas,* con un corazón de pollo, tienen tal generosidad que no miden hasta dónde y cuándo dar. Esa gente, que da sin saber si el otro quiere o no quiere recibir, es más bien *inocente.*

La maldad, esa maldad fea, dolorosa, la de hacer las cosas adrede para que el otro sufra, esa no es maldad... ¡eso es locura! Y la locura no es un sentimiento, es una enfermedad.

La gente es buena si está sana espiritualmente. La maldad, la que es como la de una cuñada que el día del cumpleaños de su querida pariente vino con un pastel de regalo con la cobertura que detestaba toda la familia; esa maldad no es más que una demostración de no estar atento a las necesidades del otro, de no estar presente en lo que le gusta al otro.

No hay maldad en sí misma, sólo astucia y mezquindad. Nadie vendría a venderte la maldad si no la compras disfrazada de otra cosa: de bondad, de lindura, de imán positivo, de cualquier necesidad que tengas en ese momento. La maldad es como las plantas de almendra, que tienen una flor preciosa, pero de la misma planta se saca el veneno más peligroso. No siempre todo lo hermoso es bello por dentro.

LA GENTE DE LA VEREDA DEL SOL

Hay dos tipos de personas: las que van por la vereda del sol y las que van por el lado de la sombra. Las de la sombra son frías, oscuras, egoístas, soberbias y necias. Las del sol son abiertas, confiadas y generosas.

La vereda del sol está enfrente de la vereda de la sombra, así que unos y otros nos vemos cara a cara, pero las del sol siempre queremos traer más gente a nuestra calle. Hacemos mil y una piruetas para llamar su atención. No nos aguantamos dejarlas en la sombra. Queremos que llegue su momento de cruzar o de elegir quedarse. Les hacemos todo tipo de propuestas para que estén cerquita de nosotros.

Las de la sombra simulan ser bondadosas y nos hacen creer que el sol les gusta; aprovechan nuestros ofrecimientos y se cruzan con gusto a nuestra vereda. Pretenden alegrarse con el sol que les damos y se hacen amigas de más personas que están de nuestro lado, pero como no pueden con su esencia, al final no aguantan tanta luz y deciden volver a su oscuridad.

Ese lugar tan triste es donde se sienten cómodos. Cuando llegan a la sombra no lo hacen arrepentidos por lo que nos hicieron, ni con culpabilidad porque saben que hicieron daño. Llegan a su lugar simplemente para esperar a otros y engañarlos. Las personas de la sombra nunca crecen, nunca se miran, nunca se aceptan.

Las personas del sol siempre confiarán, aunque con el paso del tiempo se puedan volver un poco escépticas al ver que todos a los que invitan les pueden quitar un poco de luz. Sin embargo, esa luz es infinita, nunca se acaba. En la vereda del sol sufren cuando alguien los lastima, se preguntan si ellos tendrán la culpa de tanto maltrato o de tanta envidia.

Los miembros de la vereda del sol son leales, aunque también se cuestionan si es bueno serlo tanto. Después de muchos años de preguntarse internamente, terminan convenciéndose de que nadie cambia su esencia y que es maravilloso ser parte de la vereda del sol.

Reflexiona: ¿De qué parte estás? ¿Te sientes feliz de estar en la vereda donde te encuentras? ¿Por qué? Si estás en la vereda del sol, ¿cuántas personas puedes hallar en tu vida que consideras que están en la vereda de la sombra? ¿Cuántas veces has podido rescatar a alguien de estar en la sombra?

Ser libre

*Ser libre implica ser auténtico, aunque corras
el riesgo de ser rechazado.
Sentirse seguro es caminar en la luz, aunque la
sombra de vez en cuando nos oscurezca el camino.*

LA VERDAD SIEMPRE SALE A LA LUZ

La mentira muchas veces no es tal como la ves. La gente no siempre quiere engañar; muchas veces quiere evitar un dolor y de ese modo dice lo que no es real para tapar ciertas situaciones. Pero como todo esto se hace una enorme maraña de oscuridades, luego no se puede parar tanta mentira. ¿Quién no mintió en algún momento sin sentir culpa por hacerlo? Recuerda que la verdad siempre sale a la luz y quien miente se vuelve tan vulnerable que termina luego confundiéndose todo el tiempo: llega a confundir lo real con lo imaginario.

Una vez, un periódico de un pueblo editó la siguiente historia con el fin de hacerles entender a los habitantes del lugar lo importante que es ser auténtico aprovechando la mejor parte de nuestra esencia:

Una mujer había empezado a serle infiel a su marido. Al principio a ella no le pareció que estuviera haciendo algo malo; sólo era un momento de su vida donde se había dejado llevar por los impulsos de un buen galán. Sin embargo, luego había empezado a mentir porque no podría decir toda la verdad: mentía acerca de dónde había estado, de lo que había hecho durante las horas de la tarde en las que se ausentaba de la casa, etcétera. Después comenzó a involucrar gente porque nunca se miente solo, siempre se miente con el entorno y para el entorno, y para corromper, evidentemente, necesitas a alguien susceptible de ser corrupto.

La mujer seguía mintiendo e involucrando a más y más gente. Llamaba a su amiga y le decía: "Di que estuviste conmigo". Llamaba a otra y le decía: "No salgas por tal colonia porque te podría encontrar mi marido y se supone que estoy contigo". Tanto era lo que mentía que ya ni siquiera se acordaba dónde estaba parada. Llegó a creerse sus propias mentiras y a perder por completo su paz interna. Nada de lo que hizo le sirvió, porque de cualquier modo terminó separándose. Todo lo que había querido tapar con mentiras resultó ser inútil para ella y para su esposo.

La gente espiritualmente sana no sabe mentir, no puede hacer el esfuerzo de mantener una mentira y menos sostener aquello en lo que no está de acuerdo; entonces decide aguantar las reacciones y los enojos de los otros cuando dice la verdad. Esa verdad duele, pero sabe que a la larga tendrá el regalo de la confianza de quienes la conocen: recuerda que cuando a

alguien le duele la verdad es porque no está preparado para recibirla. Sin embargo, cuando pase el tiempo, reconocerá el favor que le han hecho al abrirle los ojos y lo agradecerá.

Una vez, un monje le pidió a su joven discípulo ver a través de la ventana del monasterio.

—Mira ese lugar, querido alumno. Mira lo que está saliendo de la tierra. ¿Cuál crees que será el más fuerte de los tallos?

—El que está a mi izquierda se ve más alto, parecería que tiene más fuerza. El otro todavía está pequeño —contestó el muchacho.

Entonces el monje dijo:

—Te equivocas, querido alumno, eso es una hierba. La del otro extremo es el tallo de la palmera; ésa resistirá. Crece lento y se le verá dentro de mucho tiempo como alta y maravillosamente suntuosa. El otro tallo no tiene fuerza, aunque en apariencia sí, porque es una hierba común y silvestre.

—Ahora entiendo.

—Así es la verdad —dijo el sabio—. La verdad es fuerte, es grande, es maravillosa, pero los resultados positivos de ser noble se ven después de mucho tiempo; el resultado no es inmediato. Es mucho más inmediato el de la mentira, porque con ella se sale al paso. Te lleva más liviano pero sólo por un tiempo. Cuando llega el tiempo de la realidad, la mentira se desvanece. Lo mismo pasa con la maldad: a la larga quien mal anda mal acaba, y quien no es buena hierba termina siendo arrastrado y convertido en caos.

No mientas. Las mentiras tienen patas cortas y, una vez que te perdieron la confianza, sólo tú perdiste. No hay nada más maravilloso que ser una muy buena garantía, que tu sola presencia sea un buen aval. Pero ten cuidado: por ejemplo, si muchos te consideran una garantía, no presentes a personas si no las conoces realmente porque la gente confiará en ellas y, si fallan, tú quedarás involucrado.

ALÉJATE DE LA CRÍTICA, LA DIFAMACIÓN, LA JUSTIFICACIÓN

¿Quién eres tú para echar a alguien por la borda? No critiques, porque a la larga las personas se enteran y el chismerío que a mucha gente le gusta hacer sólo te traerá problemas y serás tú quien pierda credibilidad. Utiliza la técnica del *ajá* cuando alguien te hable mal de otra persona. Sólo di: "Ajá, ajá". No dices nada, quedas bien y no te involucras.

No cuentes lo que te confían porque esto también a la larga se sabe, y muchas personas hacen una bola de nieve con la pequeña bolita que tú estás desparramando. Lo que tú cuentas puede ser verdad, puede ser justo, pero a la gente le gusta armar novelones y tú serás el protagonista, lo que sólo te traerá problemas.

Esto me recuerda un cuento:

Una vez un sabio tomó una almohada rellena de plumas, la cortó por un extremo y le pidió a su discípulo que desparramara todas las plumas por un parque. Al cabo de una hora le pidió que las recogiera del suelo. El discípulo, aunque muy obediente, no encontró la forma de recoger todas. Sólo pudo con unas cuantas.

Entonces el sabio le dijo: "Esto pasa con la difama-
ción. Una vez que difamaste, nunca más puedes vol-
ver atrás a recoger lo que dijiste, porque el cuento se
diseminó y quién sabe hasta dónde llegó".

———————

Cuando te molestes con alguien, evita decir enseguida todo lo que piensas. Por más que te descargues y te sientas más liviano por decir todo lo que estás sintiendo, lo que digas puede causar resentimiento en el otro, y esto es muy peligroso. No te cierres puertas; nunca sabrás qué papel puede jugar esa persona en tu vida. Recuerda que el mundo es un pañuelo y siempre estamos muy cerca.

No justifiques. Si llegas tarde y le echas la culpa al tráfico, nadie te creerá aunque vivas en la hermosa ciudad de México, en India o en China. Quien quiere llegar a tiempo es puntual de todos modos. Si no, piensa: ¿llegarías tarde con tu galán?

El llegar tarde tiene mucho que ver con la autoestima. La gente con baja autoestima se quiere tan poco que llega siempre tarde a todas partes, aunque esto lo haga sin querer. Las personas que son impuntuales se sienten menos valiosas al tener que dar explicaciones una y otra vez. Los principios de la autoestima están sumamente ligados con la puntualidad y con el cumplimiento de la palabra.

¡Sé libre! Deja de especular lo que piensan los demás. Éste es un paso muy importante que debes tomar. Al principio no es fácil, porque ser libre implica no dar opiniones, no preguntar de más, no incomodar queriendo saber las intimidades del otro. Ser libre es querer sin esperar nada. Ser libre es no irte a los extremos, e implica no aislarse porque las misiones se cumplen con el entorno.

EMOCIONES EN EQUILIBRIO

Dicen en Oriente que cada persona se traslada en su vida de un extremo a otro, como una línea recta que vacila entre cada punta, un extremo de dolor y otro de placer. Todo lo que te produce placer te ocasiona ego, y nada es eterno, ni la belleza, el amor o un trabajo. Incluso el éxito tampoco lo es. Después de un tiempo las cosas cambian, entonces eso que te producía placer hoy te produce dolor.

Solemos estar en un vaivén entre dos extremos. Recuerdo cuando un maestro muy anciano le contaba a sus discípulos cómo él veía la disconformidad del ser humano: les decía que cuando un perro muerde un hueso, el animal siente placer, pero luego el hueso tiene en su profundidad astillas y el placer se convierte en dolor para el animal.

Si tu hermano cada vez que te visita te da un regalo, el día que no te traiga uno te preguntarás qué le sucede. Hasta creerás que algo raro tiene en tu contra, aunque no necesariamente sea el caso. Cuando una persona nunca te ha causado un gran placer al verla o tratarla, tampoco te va a causar dolor no verla más, porque lo que sientes por esa persona es sólo indiferencia; pero si amas a alguien con todo tu corazón, cualquier alejamiento de esa persona te dolerá. No puedes vivir en los extremos; sin embargo, muchas veces sin darte cuenta vives en esas orillas. Recuerda que todo lo que hoy es blanco mañana puede ser muy oscuro. No puedes ser tan rígido como para querer ver siempre el mismo color en tu vida y en la de las personas que te rodean.

En India dicen que el color rojo representa el desenfreno y el amarillo la castidad. Ni tan casto ni tan desenfrenado, uno debe mantenerse en el medio, en el color naranja: mezcla equilibrada de rojo y amarillo. Ésa es la fórmula perfecta del amor hacia ti mismo y hacia los demás. Mantén un color naranja. Este color representa la vida. Con él se visten los monjes de la paz o se pinta un lindo atardecer.

SIN EXPECTATIVAS

Puedes tener tu propia luz para pintarte la vida de un modo bonito y un brillo particular. Sin embargo, mientras disfrutas del color de la paz, armonía y amor, de pronto puede venir alguien y te oscurece la vida, te la pinta de negro, te la borronea o te la mancha. ¿Cómo hacer para que todos estos malos pintores no se involucren en nuestras tareas? ¿Cómo hacer para que el amor de tu vida no se destiña? ¿Cómo hacer para que el rosa con el que pintaste a tus hijos no se decolore? ¿Qué hacer cuando alguien que le da color a tu vida de pronto se va por alguna circunstancia?

Seguramente estás pensando miles de respuestas mientras lees estas líneas. La respuesta para que te mantengas con el mejor color es: no esperes nada de nadie. Sólo espera de ti, sólo confía en ti. Eres el único que nunca te defraudará por más que te equivoques.

No esperes nada de nadie, así nadie te desmoralizará. Cuando no esperas, no colocas al otro en una situación de demanda, no le pasarás las facturas con cuentas sin pagar. Amarás de verdad. Además, al no exigir que te quieran, te querrán mucho más; a quien te ame le dará gusto darte todo su amor porque lo conviertes en un ser libre y sin ataduras a ti.

EXPRESAR SENTIMIENTOS CON PALABRAS

Algunas veces cuando queremos decir lo que sentimos, pensamos que eso únicamente causará problemas. Creemos que recibiremos una negativa si lo decimos todo, y nos quedamos atragantados con las palabras: *te amo, te extraño, eres todo para mí.* Ese temor es parte de la vulnerabilidad de la persona.

Los vulnerables nunca crean puentes. Ellos levantan muros y terminan quedándose solos. En cambio, los valientes terminan obteniendo beneficios en todos los lugares que tocan, y aceptan cuando cometen errores para luego verlos como parte de la experiencia de sus vidas.

Tenemos miedo de decir todo lo que sentimos. Usamos palabras suaves, las que hacen disminuir al amor en vez de completarlo. No podemos disimular cuando sentimos algo por alguien. Aunque nuestras palabras digan una cosa, nuestro comportamiento físico dirá otra.

Los celos y la envidia nunca se pueden disimular. Tampoco se pueden evitar los sentimientos altruistas del amor, de la pasión y del entendimiento. Entonces por qué no decirlo abiertamente aunque quedemos expuestos. Somos expertos en encontrar estrategias para la fuga. Contamos ideas y no sentimientos. A veces nos escapamos diciendo todo lo contrario a lo que pensamos, pero gracias a Dios todos sabemos en el fondo qué nos quiere decir una mirada, una sonrisa, un sonrojarse.

Nadie puede evitar darse cuenta de lo que piensa y siente el otro con respecto a nosotros. Por callar lo que pudimos decir, se nos van la vida, el amor, las amistades y las relaciones de trabajo. Por callar, soportamos lo insoportable. Es mejor vivir esta vida con todos los sentidos *y* decir todo el amor que llevamos dentro y no medir nada. No medir si te respondieron el llamado, si te tienen en cuenta, si te valoran, si te quieren.

No vale de nada hacer lecturas de mente equivocadas. Nadie, absolutamente nadie, se merece que le escondan sentimientos. Si nadie mejor que nosotros puede saber lo que sentimos, ¿cómo podemos boicotearnos de este modo? Si la necesidad de decir lo que queremos nos empuja en cada momento, ¿cómo hacer tanto esfuerzo para callarla?

No nos comunicamos del modo en que lo deseamos y así no somos tan fieles como creemos serlo. Damos por hecho que el otro tiene que darse cuenta de que lo queremos, que lo extrañamos, que lo queremos ayudar; pero el mensaje sin palabras no llega, y el otro se queda con las ganas de escuchar, de ser tocado, de ser valorado y querido.

La gente feliz no se guarda nada. La gente sana no mide: da y nada más. Sabe que lo que no se da se pierde en el universo, y nada peor que un sentimiento perdido en el aire.

Cuando nos morimos deberíamos dejar completado todo. Pero siempre nos quedará algo por hacer. Como no sabemos cuándo es nuestra fecha de vencimiento, tenemos que vivir cada día despidiéndonos como si fuera el último. ¿Para qué dejar para mañana lo que se puede hacer hoy?

Es tan importante el tono de voz con el que se habla que muchas veces éste dice más que las palabras. Empieza por escuchar tu propio tono. El tono de tus sentimientos. Es imprescindible hablar con claridad y también hablar sobre nuestros miedos al mostrar un sentimiento. Muchas veces decir *te amo* de modo automático no produce ningún efecto, aunque siempre será mejor que lo digas a que no lo digas. Abrazar sin el corazón no sirve; abrazar de modo automático se vuelve parte de una rutina. ¡Empieza por abrazar con todos tus sentidos!

Escucha tu corazón y no te guardes ni un solo sentimiento. Aprende a comunicarte primero contigo y luego con el otro. Primero abrázate a ti, quiérete a ti, háblate con el alma.

Un nombre dicho con afecto suele sonar a música; un *hola* con un lindo tono de voz, un *te quiero* genuino, o un susurro expresado de manera sincera, nos libera y hace que el otro vibre en una dimensión diferente.

La palabra se hizo para ser usada. Sin embargo, si utilizas palabras duras con tonos fuertes, nadie te escuchará. Aprende a decir las cosas por su nombre. Una sonrisa puede con todo el mundo. Dios creó el mundo con el poder de la palabra, tú también eres Dios. Recuerda que, si no hablas, Dios no te escucha.

Piensa en qué cosas te estás callando, en qué circunstancias te quedas sin responder. Reflexiona cuántas veces no pudiste demostrar tus sentimientos por miedo y cuántas veces hiciste lecturas equivocadas de la gente por no preguntarle al otro qué le pasaba.

Cuando tus seres queridos te escuchan, aunque estés a miles de kilómetros de distancia, ellos saben qué te pasa. Lo mismo ocurre con quien te ve por primera vez, con tu pareja o con tus amigos. La vida tiene muchas pruebas, pero ninguna se merece pasarla en silencio sin que puedas decir cuántas cosas estás guardando en tu corazón. Después de todo, al no guardarte sentimientos, estarás libre de un exceso de equipaje.

COMPROMETERSE *VS.* INVOLUCRARSE

¿Sabes cuál es la diferencia entre una vaca y un cerdo? Cuando están presentes en el desayuno, la vaca te da leche y el cerdo carne. La vaca se *compromete* y el cerdo se *involucra*. Involucrarse es más que comprometerse. El que se involucra muchas veces sale lastimado y el que se compromete sale ileso. ¿Cómo es esto? La vaca da alimento; el cerdo termina siendo alimento. ¿Qué quieres ser? ¿Vaca o cerdo?

Para no involucrarte y tener que responder a todas las demandas del mundo, tendrás que cambiar algunos hábitos. Esto no es difícil, sólo que tienes que hacerlo como una rutina diaria: cuando alguien te pida una respuesta y no estés seguro de qué contestar, nunca respondas en ese momento y dile al otro: "Lo voy a pensar". Esto no hará que la otra persona se sienta mal y tú no estarás respondiendo visceralmente. Si llegas a tu casa y piensas la respuesta que le vas a dar, pero no te convence y tampoco estás seguro de decir lo correcto, sigue diciendo que lo pensarás. En algún momento la luz vendrá a tu mente y aparecerá la respuesta justa. Nunca digas algo de lo que te puedas arrepentir.

TUS PROBLEMAS COMO OPORTUNIDADES

Siempre es bueno tomar distancia cuando estás ante algún problema, del mismo modo que tomas distancia al ayudar a un amigo a resolver un conflicto. Las personas que toman decisiones con facilidad nunca se ven involucradas en sus problemas, sino que se ven de una manera objetiva, como si estuvieran resolviendo conflictos ajenos. Las personas que se complican la vida lo hacen porque nunca se toman el tiempo para alejarse de sus problemas.

Los problemas siempre son oportunidades maravillosas para crecer, pero a nadie le gusta crecer porque crecer duele

del mismo modo que te dolían los huesos cuando pegabas un estirón. Crecemos con mucho dolor y muertos de miedo. Muchas veces nos acobardamos tanto que lo único que queremos es regresar al vientre de mamá. Obviamente esto no es posible, e incluso estando ahí te debe haber dolido crecer, sólo que no lo recuerdas.

EJERCICIO PARA RESOLVER PROBLEMAS

Una vez una terapeuta le contaba a su auditorio que tenía una habitación tan sólo con dos sillas para utilizarlas con un fin terapéutico. El objetivo era ordenar íntimamente los problemas de su paciente.

Una de las sillas estaba pintada de blanco y la otra pintada de negro. Cuando se enfrentaba a algún problema se sentaba en la negra y pensaba en lo que la preocupaba y luego se paraba para sentarse en la silla blanca. En esa silla pensaba en tres posibles soluciones. Luego las escribía para no olvidarlas, porque lo que no se escribe no se cumple.

Intenta este ejercicio. Si no tienes sillas de diferentes colores o no las quieres pintar, entonces utiliza dos círculos grandes de tela en los que quepas sentado, uno negro y uno blanco. Úsalos siempre. El círculo negro es para formular los problemas, el blanco para buscar soluciones. Si estás sentado en la tela blanca buscando respuestas y vuelves a pensar en tus preocupaciones, regresa al círculo negro. Hazlo cuantas veces te sea necesario, pero no contamines los espacios. ⊛

RESOLVER SIN CULPAR

No hay nadie mejor que tú para saber qué es lo que te sucede. Al reflexionar sobre tus debilidades y reconocerlas, obtienes claridad del estado actual de tu ser. Un problema, si está correctamente planteado, está prácticamente resuelto.

Reflexiona: ¿qué te hace sufrir? ¿Qué te molesta? ¿Por qué piensas que no lo puedes resolver? Si has contestado "no lo sé", recuerda que cuando una persona responde así quiere decir que todavía no quiere cambiar. Te lo repetiré: ¿por qué piensas que no lo puedes resolver? Ahora busca culpables. ¿Quiénes te lo impiden? ¿Hasta cuándo crees que podrán seguir interfiriendo en lo que quieres obtener? Si crees que eres tú el que interfiere inconscientemente, entonces pregúntate: ¿hasta cuándo piensas seguir entorpeciéndote la vida? Piensa una fecha. ¿Hasta cuándo irán a boicotearte?

¿Qué te dices cuando aparece en tu mente eso que te molesta? ¿Qué aparece primero? ¿Una sensación de malestar? ¿Una imagen? ¿Una plática interna? Ahora recuerda otro momento de tu vida, que sea alguno en el que hayas sentido una gran incomodidad, logrando deshacerte de ella. ¿Cómo lo resolviste? Haz memoria... ¿Cómo te apareció la solución de esa sensación? ¿Cómo crees que vino esa respuesta? ¿Fue algo que te dijiste que deberías haber hecho? ¿Una imagen que te apareció o una sensación de lo que tenías que hacer?

Ahora vete al futuro e imagina: ¿cómo te verías con el cambio que quieres lograr? ¿Qué te dirías una vez que obtuvieras el logro deseado? ¿Cómo lo verían los demás? ¿Para cuándo lo quieres? Recuerda que *algún día* no existe en el calendario.

SOLUCIONAR CONFLICTOS CON OTRAS PERSONAS

Ahora te propondré un ejercicio que ayudará a que las relaciones que antes no estaban bien se vuelvan mucho más exitosas; liberará cualquier energía negativa que pueda estar perjudicando una relación. A través de esta dinámica, tu inconsciente trabajará con las submodalidades* que ayudan a cambiar la información que tienes como experiencias pasadas, y quizá hasta distorsionada de la persona del conflicto.

EJERCICIO PARA SOLUCIONAR CONFLICTOS

Pintando con luz
Coloca dos sillas, una enfrente de la otra, como si estuvieran sentadas dos personas frente a frente, mientras tú, de pie, las observas desde una ventana imaginaria, como si fueras una vecina chismosa que espía.

En una silla pondrás a la persona que tiene el conflicto contigo y en la otra imaginarás que estás tú. Se están mirando cara a cara. Ahora presta mucha atención a lo que va a suceder:

---

* *Submodalidades* es como se conoce en Programación Neurolingüística al modo que tiene el cerebro de codificar la información que incorpora las experiencias exteriores. Por ejemplo, si piensas en un recuerdo, éste debe tener colores, temperatura, movimiento, olores, sonido, peso, textura. Puedes tener algunas y no todas. Tendrás que ir viendo qué es lo que te hace estar más tranquilo y satisfecho en este ejercicio: ya sean los movimientos de las masas de energía, los colores, las temperaturas, los sonidos o las texturas de lo que imaginas. Puedes ir cambiando y ahí tu percepción te ayudará a darte cuenta de qué tipo de cambio te hace sentir mejor.

Comenzarás con la persona que representa el conflicto y te sentarás en su lugar, imaginando que te conviertes en ella. Piensa: ¿qué le pudo haber sucedido cuando era niño? No importa si sabes o no su historia, éste es un trabajo que tiene que ver con tu inconsciente y no con el de la persona con la que estás trabajando.

Una vez que pensaste en ella y en su pasado, siéntate en la silla de enfrente y ponte en tu propio papel. Ahora eres tú con tu infancia y tu pasado. Míralo desde tu mirada y a la vez observa a la persona que tienes enfrente. ¿Qué piensas y sientes tú de esa persona?

Ahora que pudiste encontrar algunas respuestas, siéntate en la silla que utilizaste al principio y conéctate con la otra persona. Reflexiona desde el lugar de él o ella, qué piensa y siente sobre ti.

Ya que llegaste a este punto, párate y da unos pasos hacia atrás para mirar las dos sillas vacías, pero que, desde tu imaginación, están ocupadas por estas dos personas del conflicto: tú y la persona a quien elegiste para hacer este ejercicio.

Ahora mira las dos sillas nuevamente, a las dos personas del problema y conviértelas en una masa de luz. En estos momentos las convertirás en una energía de luces que pueden tener movimiento o no, temperatura o no, olores o no... Pasa por todas la submodalidades que te salgan.

Presta atención, hazlo con calma y con ganas. Verás cómo toda tu sensación interna cambiará como por arte de magia. Luego mira a la otra persona y haz lo mismo. Enseguida míralas a las dos y fíjate si hay algo que las esté separando: una valla, un color... Empieza a mirar qué debes hacer con esos colores o

temperaturas, qué esté necesitando cada parte de la otra. Busca qué las separa o las acerca. Checa qué tipo de colores te hacen sentir mejor con el ejercicio.

¿Qué es lo que tienes que agregar o quitar a lo que tienes como energía flotando arriba de las sillas? Eso que tu inconsciente te muestra es una energía que te da la pauta de cómo puedes modificar lo que sientes.

Mira desde más lejos, retrocede algunos pasos para tener una mejor visión de las dos sillas y fíjate cómo quedó esa relación. ¿Qué otra cosa le pondrías? ¿O la dejarías así como está?

Respira profundo y agradécele a esa persona que prestó su alma, sin que lo supiera, para apoyarte en este ejercicio.

Cambios

Vivimos en un mundo en constante cambio.
La libertad interior y el amor son llaves poderosas
para abrir caminos hacia nuevos horizontes.

———————————

SUPERAR LA RESISTENCIA AL CAMBIO

¿Cuántas veces te has resistido a un cambio? ¿Cuántas veces te quedaste anclado en el recuerdo de un viejo amor? ¿Cuántos empleos te ha costado soltar? ¡Nadie quiere soltar nada! Ni el amor que se siente por alguien ni el dinero que se logró obtener, ni la maleta que tanto pesa. *Soltar es soltar.* No es a medias, ni un poco sí y otro poco no. Pero para soltar hay que ser sabio y dejarse fluir. Las llaves del paraíso interior son dadas sólo para soltar.

Hay una llave de oro en el interior de tu mente. Esa llave es la libertad, la libertad de elegir sin miedos. Esa llave tiene la particularidad de abrir puertas. Cuando se cierra una puerta, la llave interna tiene la posibilidad de dejarte abrir un portal.

Muchas veces los cambios parecen ser pérdidas, y los juzgamos como retrocesos. A veces nos arraigamos a viejas creencias y hábitos que son negativos e inconscientes.

Recuerda que el mundo es cambio permanente y no puedes recibir lo nuevo si no has soltado lo viejo.

Nada te hará cambiar de parecer si no estás convencido de que estás eligiendo lo mejor para tu vida. Pero muchas veces estás tan inmerso en tu mundo que eso te hace estar aburrido con tu propia vida.

Casi siempre es el entorno el que te empuja al cambio. Piensa cuántas veces te tuvieron que correr de un trabajo para que conocieras uno mejor, o cuántas veces te quedaste solo para poder encontrar gente nueva en el camino. Esto me recuerda un cuento realmente admirable por su verdadera esencia:

Cuenta la historia que un sabio iba con su discípulo a una casa muy pobre que estaba en la cima de una montaña. El sabio y su querido alumno habían prometido visitar a la familia que sentía un gran honor de recibirlos en su humilde casa.

La familia estaba mantenida por una vaca flaca que les daba leche a todos los integrantes, y ellos a la vez iban al pueblo más cercano a vender sus productos.

Después de observar esa realidad, el sabio le pidió al discípulo que tirara la vaquita desde la cima. El discípulo por primera vez vio al sabio como una persona cínica. Pero no dijo nada y obedeció el pedido. La vaca murió y la familia, que nunca se enteró de la verdadera causa del fallecimiento, lloró sin consuelo.

El sabio les dio las gracias por esos días que les habían brindado cobijo y se fue con su discípulo. Pasaron los años y el discípulo regresó porque no

soportaba más la culpa que había tenido por aquel
acto malvado que persuadido por el sabio había co-
metido.

Grande fue la sorpresa cuando halló la casa, por-
que parecía ser otra. Se encontró con una casa mu-
cho más linda, confortable y con la misma familia
que se veía más próspera y llena de alegría. Con mu-
cha timidez preguntó qué había sucedido. La gente le
dijo que, gracias a que su vaca había aparecido en la
barranca, ellos pudieron cambiar, logrando nuevas
oportunidades y nuevos negocios. Hasta hoy, *dijeron,*
le agradecemos a la vaca que se haya muerto.

¿Cuántas veces te tiraron la vaquita? Haz memoria... ¿Quiénes fueron los sabios que te tiraron la vaca desde la cima de
la montaña? Todas las personas son grandes maestros de
vida. Algunos son muy duros con nosotros y tienen el modo
de enseñarnos a crecer atentando en contra de nuestra confianza, de nuestra autoestima. Gracias a Dios que existe este
tipo de maestros, pues a partir de ellos se logra hacer grandes cambios y con estos últimos uno crece y se hace fuerte.

Cuando te hieran, o te empujen al cambio, di dentro de
ti: ¡gracias, maestro! Quizás al principio lo hagas con enojo y
con impotencia, pero si esto se te hace un buen hábito, luego
lo harás con alegría y nadie tocará tu paz, que es sagrada.

VOLVER A EMPEZAR

Suena cansado, retórico, aburrido y hasta nos sentimos desgraciados cuando nos dicen que tenemos que volver a empezar. Al principio de este proceso carecemos de fuerza. Sin embargo, recuerda que con los cambios se gasta mucha energía, incluso con los cambios positivos, que tanto cuesta aceptar.

Todos queremos superarnos día a día y, aunque no sea tarea fácil, tampoco es imposible: *los imposibles* no existen, sólo existen las oportunidades. Esas oportunidades están en todos lados, sólo hay que estar siempre atentos para tomarlas.

Todos podemos *crear* lo que creemos; pero cuando uno no cree en nada, todo se vuelve efímero y oscuro. ¿Cómo se hace para creer y tener fe cuando se ha tenido que volver a empezar una y otra vez sin éxito? Para que puedas llegar a una respuesta satisfactoria, te propongo reflexionar sobre algunos asuntos fundamentales.

Recuerda que nadie nació sabiendo todo: nos hicimos con las experiencias, cuya materialización, tarde o temprano, nos vuelve más sabios. A pesar de la duración de las frustraciones, no hay edad para volver a empezar. Así como no hay razones suficientes para que alguien crea que siempre va a mantener su rueda en el triunfo, tampoco las hay para pensar que va a estar detenida indefinidamente en un mismo lugar desafortunado.

El amor es la llave más poderosa para abrir caminos. Aunque no todos los caminos conducen a Roma, todos los caminos tienen paisajes para admirar. Muchas veces te puedes sentir en el desierto, pero recuerda que hasta el más seco paraje tiene magia, visiones y vida.

LOS DETALLES DE LA VIDA

Un ser que acaba de nacer toma su karma en su primera respiración y lo lleva puesto para toda la vida. Asimismo, una mochila llena de sueños y de ingenuidad es la que acompaña a una persona desde sus primeros años. A veces los miedos y las desavenencias de la vida provocan que la mochila se vuelva pesada y molesta, pero al mismo tiempo hacen que su tela se haga fuerte y resistente.

De vez en cuando dejamos la mochila descansar en el suelo: la dejamos cuando confiamos, cuando nos enamoramos, cuando aprendemos el desapego, cuando cerramos ciclos, cuando volvemos a empezar.

¿Qué son los detalles?

Cuando alguien termina con su pareja experimenta un cambio que muchas veces no provoca los mejores estados afectivos. La persona puede quedarse murmurando enojo, con una sensación de culpa o sentirse víctima: estos sentimientos son los detalles.

Cuando cambias de trabajo lo haces debido a una modificación en lo que sucedía habitualmente: tal vez te corrieron, te gritaron o no te quisieron aumentar el sueldo. Éstos son simplemente detalles, aunque no significa que no sean importantes para ti; al contrario, serán los que te harán exteriorizar las emociones más fuertes.

Los pensamientos atraen las emociones que determinan tu estado de ánimo. Puedes cambiar tus pensamientos, y en consecuencia tus emociones, para crecer sin obstáculos y vivir mejor, pero no podemos cambiar el destino. Sin embargo, sí hay forma de que puedas deshacerte de lo que ya no quieres para ti. Si no quieres soledad, desamor, malos hábitos, enojos o traiciones, entonces puedes pedirle al plan divino que te ayude a producir un cambio.

Cuando te vas de viaje y llegas al hotel que has elegido, puede pasar que te des cuenta de que no era lo que te habían dicho ni lo que tú estabas esperando, y te desilusionas. Sin embargo, tú dices: "Al mal tiempo... buena cara", y decides disfrutar tus vacaciones.

Luego te das cuenta de que llevas en la maleta ropa que jamás utilizarías en ese lugar. Además, la temperatura cambió y ahora donde hacía calor hace frío. Entonces empiezas a pensar que has cargado ropa inútil que no necesitabas. Llegado este punto lo más probable es que te pongas la ropa que sientas menos incómoda de la que has traído y luego te vayas con la misma maleta cargada de ropa inútil para llevarte todo tal como salió de tu casa.

Quizá nunca se te ocurriría tirar la ropa que te llevaste inútilmente, ni llamar a una amiga para que te mande la ropa que te hace falta. Finalmente solucionas todo como puedes, pero aguantando la situación con dificultad y enojándote con tu destino, pensando que siempre te pasa lo mismo. Pero el destino no tiene la culpa de que tú pierdas tiempo en los detalles.

El destino te dejó libre para elegir hasta para que tiraras por la ventana la ropa que ibas a cargar de más. Este ejemplo es para mostrarte cómo hasta en las pequeñas cosas nos complicamos la vida. No importa cuánto tengamos que luchar para complicarnos; a la larga lo logramos y salimos muy contentos con nuestros detalles tontos cargando una cantidad de errores y complicaciones sin sentido.

Amor en familia

Antes de nacer elegimos a la gente que convive con nosotros. La familia, más que un problema, es un recurso, y gracias a ella conocemos el verdadero significado del amor.

LA CUNA DEL AMOR INCONDICIONAL

Compartir es parte del amor, pero compartir sin esperar nada del otro es AMOR con mayúsculas. Los amores incondicionales son muy difíciles de sostener porque nuestro ego siempre puede más. Las parejas, los hermanos, las familias siempre tienen coincidencias, gustos parecidos, pero cuando en la vida de una familia empiezan a surgir diferentes creencias, nos enojamos y presentamos batalla a esas diferencias.

No se puede vivir peleando porque las peleas generan violencia. Si la guerra se arma a cada instante, la familia termina en ruinas. Una familia violenta representa una familia enferma de miedo; miedo a perder su poder, a perder lo que sea. Ninguna familia se puede llevar bien constantemente, pero tampoco se puede llevar mal todo el tiempo. La familia puede ser un universo, pero no un infierno.

Antes de nacer elegimos a toda esa gente que convive con nosotros. La elegimos por muchas razones, pero nunca se elige para llenarse de odio y de rencores. El amor es una fiesta a la que estamos todos invitados. Baila la fiesta de tu vida y baila como si nadie te viera. El amor es todo y si tú crees que lo estás dando pero no te corresponden como quisieras, tú sigue dándolo porque ése es tu verdadero trabajo en este mundo.

Recuerda que quien te hace daño no te lo está haciendo a ti solamente, sino al universo mismo. En estos casos no te dejes vencer, el universo te está utilizando como canal para el aprendizaje de ambos.

SOBRE LAS DISCUSIONES

En los hogares suele haber discusiones que casualmente ocurren en los mismos lugares. La casa empieza a tener memoria de los espacios contaminados y la energía de enojo de los habitantes se vuelve en contra de toda la familia. Luego esto trae más discusiones y muchos malestares.

Una buena solución es que, cada vez que los integrantes de una familia tengan que discutir, vayan fuera de la casa para que sea un lugar neutral y cuides la energía de tu hogar. Pero ten cuidado: muchas discusiones, adentro o afuera, destruyen.

Una guerra familiar puede devenir cotidiana en la forma de un diálogo enfurecido e irracional. Los malos hábitos se construyen cuando no sabemos poner las cosas en su lugar. Con el tiempo, parece que todo el malestar es normal y nos ahogamos en nefastas costumbres, pero hay que saber decirle basta a un mal vivir.

LA MESA DE LA FAMILIA FELIZ

Tampoco creas en esa felicidad permanente que te hace creer mucha gente; eso tampoco es normal.

Imagina que todos los días tu familia se reúne a la misma hora y cuando comienza una plática no tienen otras opiniones que no sean las tuyas. Imagina una familia con los mismos gustos, dándote la razón en todo lo que digas. Todos pensando lo mismo, diciendo lo mismo... ¿Te lo puedes imaginar? ¡Sería aburridísimo! Esto indicaría la poca libertad que le habrías dejado a tus hijos y a tu pareja para decidir.

Todas las familias discuten porque sus miembros son diferentes aunque hayan sido criados igual: todos nacen con diferentes sellos. En la pluralidad se encuentra la fortaleza de una familia, que es una célula fundamental para crecer y evolucionar.

Hay que saber soltar a los hijos cuando llega el momento en el que tienen que volar. Hay que saber enseñar el respeto para que te respeten. ¡Hay que saber tanto! Pero no se puede saber todo. Nadie sabe cómo hacer todo el tiempo bien las cosas, y eso es completamente normal. Recuerda: ¡deja ser a los otros! No puedes andar por la vida creyendo que siempre puedes y debes cambiar a las personas, aunque sean aquellas a las que más quieres en el mundo: tu querida familia.

La familia es defectuosa y perfecta a la vez. Si estás preocupado porque no sabes cómo hacer para que todo sea maravilloso, aprende que, mientras la mente esté involucrada en tus actos —de hecho siempre lo está—, nada será perfecto por completo. La vida es un camino de piedras torcido, con desventajas, atajos e incertidumbres, pero también con alegrías y logros, algunos a largo plazo y otros inmediatos.

Amor en pareja

*El amor que salva es el que nos lleva al camino
de la verdad. El amor tiene que ser un camino
fácil de recorrer.*

EL ARTE DEL BUEN AMOR

El amor tiene diferentes matices, todo dependerá del color que escojas. El amor requiere paciencia, ganas de compartir y, sobre todo, confianza mutua.

Como todo en la vida, el amor entre las personas va cambiando. Hoy el amor te da calma y mañana te altera los nervios. Hoy extrañas a una persona en particular, mañana a otras. Hoy te molesta quien te había hecho temblar de amor, y esa molestia llega tan fuerte que hasta ruegas estar sin él o sin ella. Lo que hoy te enamora de alguien luego puede transformarse en un defecto.

El amor fluctúa entre la fuerza y la debilidad, entre lo que quiero y lo que tengo.

El amor más importante es el que tienes por ti y por la luz que emanas, ese fuego que encenderá las luces de los otros. Nunca culpes a nadie por apagar tu luz; cubre tu llama del viento, cuídala, protégela. Cuida tu amor y dáselo a los demás, pero no te pierdas en el otro. No dejes de ser tú mismo. No dejes que el amor te hunda porque eso no es amor.

TIPOS DE CORAZÓN

¿Alguna vez te has detenido a escuchar los latidos de tu corazón? Esos movimientos que impulsan el milagro de vivir cada segundo. ¿Cómo te sientes? Piensa en la siguiente lista. ¿Cabe tu corazón en alguna categoría? Tú, ¿qué tipo de corazón tienes?

Corazón arrugado

Es un corazón que se seca por no amar a personas nuevas. Se arruga cuando no se le da la posibilidad de arriesgarse. Se apachurra y se hace como una pasa cuando ya lo único que tiene es la posibilidad de mantener los mismos afectos y no salir a conocer gente nueva. Esto sucede cuando algunos golpes de la vida le han dejado un sabor amargo y con la creencia de que todo lo que atrae puede ser amenazante y desgastador.

Corazón con agujeros

Es un corazón que ama pero que ha sufrido tantas desilusiones que ha quedado como un queso gruyer. A diferencia del arrugado, éste vuelve a confiar una y otra vez, pero pierde toda su energía cuando alguien lo deja de amar o lo traiciona.

Medio corazón

Alguien a quien amabas se llevó la mitad de tu corazón y no te lo ha devuelto.

Corazón partido en mil pedazos

Esto pasa cuando alguien a quien amábamos ha muerto. Todo lo que vivimos con esa persona queda en nuestro corazón y en nuestra alma. Cuando el otro o los otros se ausentan, se llevan una parte de nuestro corazón. Sin embargo, lo bueno de tener un corazón en mil pedazos es que quienes se fueron se llevaron sus mejores recuerdos de nosotros y andan cargando nuestros pedacitos en su alma.

Corazón chiquito y estructurado

Cuando piensas que sólo es para ti y para tus seres queridos.

Corazón de hierro

Cuando es frío y tieso, y no dejas que te quieran.

Corazón de pollo

Es un corazón bondadoso, muy compasivo, que se desvive por ayudar.

Corazón grande

Cuando te alcanza y te sobra para amar a muchos, y a la vez no dejas que se marchite.

Puedes tener el corazón como quieras, tienes derecho a elegirlo. Lo importante es que tengas un corazón y no dejes que en sus latidos falte amor. Si alguien abandonó tu corazón, lo valioso son todos los momentos que compartieron y en los que hubo felicidad, sin importar cuánto duró esa historia.

Si tu corazón quedó triste porque alguien se murió, recuerda que esa persona se llevó una parte tuya y que el corazón de quien partió está latiendo en el universo junto a los

ángeles y maestros, lo que quiere decir que tu corazón también está en el cielo.

Si alguien te partió el corazón porque se fue sin decirte adiós, confía en que ningún amor pasa en vano, que nadie se olvida de nadie y que todos nos acordamos de todos. Hasta los grandes amores son difíciles y casi siempre tenemos el corazón marcado por alguno de ellos. Sin embargo, ¡qué lindo es poder dejar que entre más gente a nuestros latidos! ¡Qué feliz es tener un corazón grande para dar y recibir!

LA ABUNDANCIA DEL AMOR

Existen tantos modos de enamorarse como de desenamorarse. Miles de formas de encontrar el gran amor y miles de formas de perderlo. En esta vida hay un mar de posibilidades infinitas, tanto para lo que te gusta como para lo que no te gusta. Puedes darle al amor la forma que tú decidas que tenga. Y si no aparece, no desesperes, no te sientas menos por estar solo.

El amor no se busca, el amor aparece. Muchas veces se esconde en los rincones y no se deja ver. Pero es tal su abundancia que no puede quedar escondido por mucho tiempo. Cuando salga a la luz te gritará y no podrás eludirlo. No importa cuántos años tengas ni qué personalidad, ni de qué lugar seas: el amor no acepta condiciones ni busca hacer diferencias.

En este mar de gente hay algunas personas que creen que el amor pasa una sola vez, pero nada en la vida es de una sola vez, todo es de más. Así que por qué quedarse con la creencia en la pobreza del *no amor*. El amor muchas veces

aparece y enfurece cuando no estás dispuesto a recibirlo con los brazos abiertos. Se enloquece cuando te enamoras y llora cuando lo abandonas.

LA MAGIA DE ESTAR ENAMORADO

No hay edad para querer. Hasta los más viejos se enamoran. Enamorarse es mágico, es grande y nos hace sentirnos vivos, pero nadie dice que estar enamorado es estar en su sano juicio. Estar enamorado implica perder el sentido común.

Imagina a un enamorado sabiendo dónde está su límite para no seguir enamorándose de la persona que ama. Nadie puede levantarse una mañana y decir: "Hoy me quito a tal persona del corazón".

Nadie puede decidir un día enamorarse sin más, porque uno puede prometer acciones pero no puede prometer sentimientos. Estos últimos muchas veces nos manejan y hacen con nosotros lo que quieren.

Una persona se enamora de lo que realmente tiene dentro de sí. Nos enamoramos de las virtudes que quisiéramos tener, pero esas virtudes que vemos en el otro también están en nosotros: "La maravilla que hay en ti está en mí, la belleza que hay en ti está en mí".

SABER RECIBIR

Cuando se ama no se miran los defectos del otro, ni se quiere escuchar hablar de ellos; uno se vuelve ciego. No querer amar es querer seguir con el corazón arrugado y apachurrado, negando lo ineludible. En realidad no existen muchas personas que no quieran amar. Aunque para algunos el amor muy pocas veces se encuentre, todos deseamos vivir en el amor.

Sabemos que amar es un placer, pero ¿cómo hacer para que nos amen de verdad, para que el amor sea para siempre, sincero y no se hunda ni nos deje abandonados? La vida no es grata cuando no hay amor, es tirana. El amor, como sentimiento verdadero, es lo más valioso a lo que puedes llegar a aspirar. Recuerda que sólo puedes hallarlo cuando sabes recibirlo y no sales corriendo a corresponder. ¡Sí, leíste bien! No salgas corriendo a corresponder.

Tampoco compres amor. Déjate amar sin tener que estar devolviendo cariño o detalles tratando de apabullar al otro.

Muchas veces nos cuesta recibir, como lo podrás ver en la siguiente anécdota:

Una vez una señora le trajo un libro de regalo a su amigo. Este último sentía una gran alegría por ese detalle; sabía que era dado de corazón y que ella lo quería bien. Enseguida sintió la necesidad de decirle a su amiga que él también le iba a regalar un libro. Pero ella lo miró como diciendo: ¿cómo me vas a devolver el regalo con otro regalo?

Su querido amigo, un poco avergonzado por la reacción, quiso explicarle que no se trataba de devolver nada. Sólo que quería mostrarle cuánto la quería. Pero ella, que era muy sabia, le respondió: "Deja que yo mejore mi karma. ¡Tienes que aprender a aceptar!".

Ante la respuesta, él sintió en ese momento que algo dentro de sí no estaba bien y de inmediato

comenzó un trabajo interno para hacer algunas co-
rrecciones en su ser más profundo.

———————————

¿Tú qué crees de ti? ¿Crees que puedes recibir sin sentir la necesidad de salir corriendo a devolver el detalle, el cariño o el regalo? ¿Crees que todo el tiempo tienes que ofrecer algo de ti para que te quieran y te acepten? Responde de todo corazón.

A todos nos gusta dar. Algunos son más tímidos para ofrecer su ayuda y otros lo hacen apenas les nace la idea. Piensa... ¿serías capaz de recibir lo que te quieran dar sin sentir que estás en deuda con el otro? La gente que sabe recibir muchas veces es más amorosa que los que se sienten permanentemente en deuda con los otros.

Recibir es gratis, pero nadie recibe lo que no es capaz de merecer. Sé que estarás pensando en cuántas personas confiaste a lo largo de tu vida y sin embargo te fallaron mientras tú les diste de todo corazón y lo recibieron sin objeción alguna. Aunque te enojes con lo que te diré, sólo reflexiona, esa persona te embaucó: tú le diste y ella recibió, no importa si te mintió o engañó; se merecía hacerlo por lo bien que te había hecho el cuento.

Muchas veces uno conoce la verdadera esencia de su pareja cuando se separa. Ahí pareciera que salen todas las fieras que cada persona llevaba dentro. Después te das cuenta de que a esa persona le diste de más. Entonces empiezas a pensar por qué lo hiciste. Te diré por qué: ¡porque se lo merecía!

Por estas cosas no eres ni tonto ni poco inteligente, sólo que fuiste confiado y abriste tu corazón creyendo que era lo mejor. Así que lo que tú diste, no importa a quién, ya está, y bienvenido sea porque el universo te recompensará multiplicando tus bendiciones.

Si no sabes recibir o pedir, ¿qué harás? Quizá pienses que, si viviste mucho tiempo así, puedes seguir sobreviviendo igual arreglándotelas a tu modo. Tienes razón, lo puedes hacer como lo vienes haciendo, pero ¿es justo que todo sea de ese modo? ¿Que el esfuerzo sea sólo de tu lado? ¿Por qué no te abres a recibir de verdad? ¿Por qué no permites que te inviten de vacaciones, que te mimen, que te consigan un trabajo o que te ayuden? Todo sin que pienses que la gente espera que salgas corriendo a devolver lo que te dan de corazón.

Recuerda que no debes ser tan duro como para no querer recibir, ni tan blando como para creer que todo el mundo te debe. El mundo y la gente no deben nada, sólo tú te debes la felicidad a ti mismo.

Eres como una cuerda de una guitarra: si la tensas mucho se puede romper y si la dejas floja ni siquiera va a sonar. Nadie te dirá cómo hacer para recibir, ni tampoco cómo hacer para que cuando recibas no pienses que es un favor que luego tienes que pagar con creces. No es así. La vida tiene muchas vueltas y nadie puede obligarte a lo que no quieras. Si no quieres dar o devolver favores, no lo hagas, nadie te obliga a nada. Sólo ten en cuenta que con el tiempo uno cosecha lo que siembra.

ACEPTAR LAS DIFERENCIAS

Las relaciones no se deshacen por conflictos importantes. Casi todas las relaciones se deshacen por pequeños detalles.

Si el amor se muere, no culpes solamente al otro: tú también formas parte de la pareja. Para que ese amor de pareja no se disuelva en el espacio, empieza a estar presente en los detalles pequeños y grandes. No des por sabidas todas las respuestas que la otra persona te dé, no desconfíes todo el tiempo, no discutas solamente porque estás aburrido.

Dale un respiro al otro pero no lo abandones. Recuerda no estar en los extremos. Nunca puedes pretender que todos piensen igual que tú, y aunque existan coincidencias, éstas no hacen que tengas un clan.

Puedes elegir pelear por las diferencias o darles la bienvenida. Eliges todo el tiempo, incluso cuando no eliges. Si crees tener siempre la razón, entonces estarás en la peor de las guerras. Los puntos de vista diferentes existen y mantener por años una buena relación requiere mucha paciencia y mucho amor. Cuando los opuestos se atraen, es porque el amor es más grande que las diferencias. Cuando te enamoras ves lo mejor de ti en el otro; cuando el amor se va ves los defectos. Esos defectos siempre estuvieron, sólo que pudieron mucho más las similitudes y coincidencias en los primeros gustos del inicio de la pareja.

Además, para amar no puedes pretender encontrar todo en una misma persona. Las personas no son perfectas. El amor es como los árboles: si dan manzanas, no dan bananas; si eres árbol de laurel, no eres árbol de ciprés.

Queremos todo del otro sin mirarnos a nosotros mismos. Ninguna persona es perfecta, sino que es un conjunto de virtudes y defectos. No puedes decir lo quiero por esto y no lo quiero por esto otro, porque estarías a medias, estarías en un extremo u otro. El éxito es poder hacer todo en el equilibrio adecuado.

El amor de los adolescentes es ingenuo, limpio, vital. Ellos siempre se miran con amor, se miman y se protegen como si fuera la primera vez que se ven. ¿Por qué crees que no puedes permanecer en ese estado de ingenuidad? Cuando una persona se hace adulta se vuelve pretenciosa, y ya no quiere esto ni aquello.

Saber elegir es muy bueno, pero no se pueden arrancar de un árbol sólo las peras lindas y después deshacernos de él porque dio algunas peras verdes y otras maduras que ya no se pueden comer. Tienes que saber que habrá años en los que tu árbol dará buenos frutos y otros en los que dará algunos más amargos, y no por eso irás a quitarlo del jardín. La naturaleza es tan sabia que, si por un momento la pudiéramos imitar, seríamos mucho más felices de lo que creemos poder ser.

CUANDO AMAR DUELE

Enamorarse es maravilloso; sin embargo, a veces duele. El placer del amor conlleva el dolor de todos los apegos que puedas imaginar. Cuando uno no sabe pararse en su fortaleza, se pierde tanto en el otro que derrocha hasta su corazón, el mismo que se había abierto para llenarse de la otra persona. Cuando alguien ama de más sin ser correspondido y esperando reacciones del otro, cosas que este último no está dispuesto a dar, el enamorado pierde hasta el alma y corre el riesgo de perder lo más sagrado que tiene: ¡la dignidad!

Cuando la Madre Teresa dio su amor no perdió su dignidad; al contrario, la ganó, pues ella nunca reclamó a nadie todo el amor incondicional que les regaló a los enfermos.

Nosotros no somos tan generosos porque cuando amamos siempre lo hacemos queriendo algún tipo de retribución. Imagina que tienes un perro y lo amas y lo cuidas, pero éste cuando te ve entrar a la casa nunca mueve la cola. ¿Cómo te sentirías? Seguramente mal porque siempre esperas algo de regreso. Cuando aprendas a amar sin condiciones, entonces no tendrás ningún riesgo de perder tu dignidad. Esto me recuerda un cuento:

Cuenta la historia que un hombre se enamoró tanto de su vecina que empezó a pensar cómo haría para conquistarla. Ella no había prestado nunca atención a él. El vecino enamorado, luego de pensar y deliberar cómo hacer para entrar al jardín de su vecina, decidió que lo haría visitándola con un ramo de rosas. Salió al fondo de su casa y, al ver la casa de su vecina, pensó cómo entrar para darle una sorpresa.

La casa estaba dividida por una valla, pero el hombre, quien era un poco cabeza dura como todos los enamorados, decidió pasar atravesándola con su cuerpo. Sin embargo, la valla era demasiado pequeña para él y, después de pensar cómo hacerlo, decidió cortarse los pies y, como seguía sin entrar, ¡se cortó las piernas! Como el problema se repetía, decidió cortarse los brazos hasta que, con un poco de esfuerzo y mucho enamoramiento, pasó como una pelota de trapo hacia el otro lado.

La vecina, que justo en ese momento estaba saliendo al jardín de su casa, lo vio pasar con el ramo de rosas en la boca y ella exclamó: "Ah, no vale. ¡Yo así no te quiero! Yo te quería como eras antes".

¡Por favor no te pierdas en el otro! Sé tu mismo, consérvate entero y merecedor. No te dejes engañar por lo que no quieres ver, pero tampoco te dejes engañar por lo que te digan. Alguien puede decirte que el color blanco es el que mejor te queda y otro puede decirte que el negro es el mejor para ti. ¿Qué harás? ¿Saldrás de blanco y negro a la calle o te pintarás de gris por si las dudas? No desconfíes de tu intuición, ésta vale oro.

En una selva de Sudamérica se encontraron un mono y un tigre. El mono Titi era inquieto y huraño; el tigre, fuerte y robusto. El tigre empezó a tener pulgas y el mono se ofreció para quitárselas, lo cual aceptó el feroz animal.

El mono empezó por la cabeza. Rascó mucho y le produjo al tigre un pequeño agujero en su mollera, pero éste estaba tan encantado que dejó que el mono siguiera haciendo su trabajo. El mono siguió rascando y rascando, e iba haciendo cada vez un agujero más grande, mientras el tigre seguía gozando. El mono, este animalito saltarín de Dios, rascó tanto e hizo un agujero tan grande que se comió todo lo que tenía el tigre en la cabeza. Y cuando el tigre se dio cuenta de que ya estaba sin sesos y llorando de dolor, el mono ya se había escapado. Moraleja: no te dejes comer los sesos por nadie. [Cuento de Jorge Bucay.]

FIDELIDAD POR CONVICCIÓN

Nada puede atentar más contra nuestra autoestima que un engaño: una mentira, una infidelidad, una traición. No importa el engaño que sea... ¡sigue siendo un engaño! Tus valores más profundos, tu dignidad y tu integridad son afectados cuando te mienten. Uno de los engaños más tristes y dolorosos es el que sucede en una pareja. Cuando alguien a quien amas te engaña, sientes que el castillo de arena que habías construido con tanto esmero y amor lo patean al mar. Sin embargo, sabes que, aunque el castillo esté destruido, siempre puedes volver a construir otro para una nueva pareja, y en el mejor de los casos para ti mismo.

El hombre y la mujer son infieles por naturaleza; sólo se vuelven fieles por elección. Quien elige ser fiel lo hace por convicción en sus valores, no por lo que su pareja le pueda dar. No creas que si sufriste una infidelidad fue porque no hiciste algo bien o no estás físicamente como te gustaría, ¡no!, eso no tiene nada que ver. ¿Sabes por qué? Porque el erotismo de una persona no nace de lo que haga el otro que le causa atracción, de cómo sea físicamente, sino de la capacidad que tiene para apreciarlo. El erotismo nace en la cabeza del que se erotiza, del que se siente atraído; aquello que lo motiva no tiene mucho que ver. Además, a todos nos sucede que hoy nos motiva una cosa y mañana otra.

Déjame explicar lo anterior del siguiente modo: un día vas a un restaurante donde comes un plato riquísimo, te sabe muy bien. Tú estás relajado, abierto y receptivo a disfrutar de ese momento, todo te parece mágico: el plato, el lugar, el ambiente, la temperatura, etcétera. Una semana después vas al mismo restaurante y te comes el mismo plato. Esta vez estás nervioso, angustiado y presionado. No ves con los mismos ojos el lugar, el que antes te había parecido maravilloso, y además el mismo plato te parece que no está tan sabroso como la última vez.

El restaurante y sus platillos pueden permanecer constantes. Lo que varía es tu estado emocional, que será lo que finalmente determine la calidad del lugar y lo que te ofrece. De la misma manera no importa tanto lo que hagas para llamar la atención del otro, sino que dependerá del estado en el que se encuentre este último para reconciliarse con el placer de disfrutarte.

No importa lo magnífico y hermoso que seas para que te sea fiel; al final todo dependerá de lo que elijan tu pareja o tú. No creas que la culpa fue tuya o del otro, aquí no hay culpables. Sólo hay tentaciones, mapas mentales, culturas, enseñanzas y corazones desorientados que buscan adrenalina productora de emociones fuertes. No existe una valoración moral definitiva: nada está bien o mal. Todo es relativo y siempre dependerá del cristal con el que quieras mirarlo.

La fidelidad es toda una cultura; dependerá de la educación de cada uno y de lo que sus emociones le indiquen en su momento. La infidelidad muchas veces viene por impulso y por darle algún toque de otro color a la vida de quien se siente tedioso. Todo dependerá de lo que realmente quieras para tu vida, por eso también debes ser fiel a ti mismo.

En los negocios hay una fórmula para ganarse la fidelidad de los clientes: un buen trato, un servicio eficiente, una buena sonrisa y, sobre todo, darles la posibilidad de sentirse libres de decidir. Imagina que eres cliente de un banco y estás feliz por ser parte de esa empresa. Sin embargo, repentinamente, comienzas a recibir todos los días llamadas de un empleado del banco para ver si estás conforme con el servicio. Al final de la conversación siempre te pide que no te vayas a otro banco y que le jures por Dios que le serás fiel a su firma. Evidentemente después de un tiempo no querrás atender el teléfono. De forma paulatina irás recordando todas las firmas que el empleado te nombró para que no fueras a buscar. Así será hasta que termines yéndote a la competencia sin culpas ni remordimiento. Si quieres que te sean fieles, no exijas, brinda de corazón, sé incondicional sin perderte en el otro, déjalo ser, idéjalo ser... libre! Y trabaja tu seguridad interior.

EL DESAMOR

Cuando se pierde un amor, toda persona pasa por un periodo de duelo. Esa etapa es dolorosa y a veces parece interminable. Es una etapa caprichosa en la que se resiste haber perdido al ser amado, porque ningún enamorado quiere entrar en razones sobre esa pérdida.

Las manifestaciones del amor son constantes y nadie se queda sin su parte, sólo que es el tiempo el único que puede acomodar las emociones de tristeza que produce el desamor. Después de perder un amor es muy posible que busques uno nuevo que reemplace al anterior. Si querías tanto a quien te dejó, entonces esperarás una llamada. Aparecerá en tu recuerdo una y otra vez mientras te sientes nada en el mundo.

Puede sucederte que sientas nostalgia por ese amor pasado, porque no fue como hubieras querido. El amor viejo, el de antes, puede regresar a la vuelta de la esquina, como también puede darse por vencido y no salir a reencontrarse contigo. Entonces, ¿qué harás? ¿Cuánto tiempo estarás dispuesto a esperarlo? Cuando esperas a alguien detienes la rueda de tu vida, pasas de ser protagonista a espectador, pero el espectador que no se sienta en primera fila, sino el que se sienta en la peor, en la que no ve nada, en la que estorban las cabezas de adelante.

El amor que acaba puede traer tristeza y dolor, pero ¿qué se le va a hacer? Ese amor ya se fue, y si está escrito volverá. De cualquier forma ya lo tienes en tu corazón, pues nada ni nadie podrá borrar los momentos que viviste al lado de esa persona. Busca cómo olvidarlo, aunque sea por un tiempo; piensa que quizás el momento adecuado para soltar ya haya llegado. Cada persona que intenta recordar un viejo amor lo hace porque está necesitando energía para continuar. Al recordarlo vuelve a sentir la fuerza necesaria para seguir en su tarea diaria. Vivir suspirando por lo que pudo haber sido puede ayudarte, sólo que no te quedes suspirando toda una vida.

¿Quién no suspira por alguien? Todos lo hacemos en mayor o menor medida cuando nos sentimos solos. Únicamente el tiempo puede cambiar este paradigma. Cuando extrañas y recuerdas, no puedes poner *ni* un solo pie en el camino de tu futuro. Es como si te tiraran la vida hacia atrás con el recuerdo de esa persona. Entonces es hora de quitar las amarras de tu vida. Para eso y mucho más fuiste diseñado.

Si la otra persona llegara a regresar contigo, entonces no le eches en cara lo que viviste en su ausencia, no preguntes qué hizo ese tiempo que no estuvo contigo. Deja que vuelva a entrar a tu vida y ábrele todos tus sentidos al amor. Si ves que pasa el tiempo y no regresa, entonces deja todo lo vivido en el estuche de tu alma; pero no lo hagas con dolor y orgullo.

Que un amor nuevo aparezca puede ayudarte a olvidar a tu viejo amor. Para encontrar una buena pareja es importante estar abierto y receptivo, aunque definitivamente no hay una ciencia para esto. Que abras tu nivel de relaciones sociales sería lo más adecuado, porque entre el tiempo de espera por el amor que se fue y el tiempo de espera por el amor que vendrá se te pueden ir muchos años. Conozco mucha gente que piensa excesivamente en el ser amado que ya se fue. Tu gran problema es perder demasiado tiempo especulando todo lo que hubiera pasado si estuvieran juntos.

CÓMO OLVIDAR UN AMOR PASADO

La persona que se fue puede quedar en tu recuerdo por mucho tiempo, pero, si no haces algo para olvidarla, no dudes que la energía de ese amor no dejará entrar a una nueva persona. Piensa qué pasaría si la olvidaras. La respuesta es: nada. Si alguien tiene que regresar, aunque lo olvides, regresará. Si no tiene que venir, no vendrá, por más velas de colores que le prendas. Entonces, ¿por qué no gozas de la vida y te relajas?, ¿por qué no le das al universo esta responsabilidad y lo dejas que actúe contigo?

Si no puedes olvidar, entonces utiliza este ejercicio que eliminará los pensamientos y sentimientos que te impiden ser libre:

EJERCICIO PARA OLVIDAR UN AMOR

Siéntate en una posición derecha, con el mentón alto y la cabeza hacia arriba.

Recuerda, como si estuvieras viendo una película, los momentos en que fuiste feliz con esa persona. Realiza algunas inspiraciones profundas, sacando de dentro tu dolor y tu recuerdo al exhalar. Inspira un aire rosa y exhala un aire negro. Repite este proceso varias veces.

Recuerda todos los adornos que le colocaste a esta persona, lo linda, seductora e importante que la veías, cómo creías que era cuando te enamoraste. Piensa en sus defectos, lo que no te gustaba de esa persona, lo que te hacía dudar de la maravilla que era.

Imagina viéndote exitoso, bello y repleto de bendiciones. Agranda esa imagen e ilumínala.

Ahora mira nuevamente la imagen de tu media naranja y ubícala en un contexto fuera de lo que él es. Imagínalo feo, ridículo, temeroso. Ríete de esa imagen, congélala y mándale luz para que tú vuelvas a sentirte mejor.

Ahora, la imagen ridícula de tu amado conviértela en una paloma para que lo dejes ir. Dile: "Yo te libero de mi energía, te libero de mi corazón y suelto todo sentimiento de apego hacia ti. Yo soy feliz, yo soy feliz, yo soy feliz".

AMORES INCONCLUSOS

En una encuesta realizada en Brasil hace unos años a más de mil mujeres y hombres, se les preguntó si tenían algún amor inconcluso o alguien en la cabeza, y respondieron que sí. Se les hicieron las siguientes preguntas: ¿Lo extrañas? ¿Te aparece su imagen en cualquier momento del día? Todos dijeron que sí, pero al preguntarles si aceptarían una vacuna para olvidar a ese gran amor, contestaron que no. Llegaron a la conclusión de que no había mejor vacuna que un amor nuevo; ésa no duele ni tiene efectos secundarios.

Si tienes un viejo amor sin cerrar y no quieres terminar de olvidarlo, entonces corre a buscarlo; aunque te den un no como respuesta, estarás cerrando un ciclo. Cualquier respuesta que obtengas te hará sentir mejor que no tener ninguna. Hay miles de historias que cuentan cómo dos personas se vuelven a encontrar. Hay gente que se casa con quien no era su gran amor, y luego de un tiempo se separan, pero da la causalidad, porque todo tiene una causa y un efecto, que se vuelven a ver y se dan cuenta de que nunca se dejaron de amar. Hay personas que para valorar el amor necesitan perderlo, y otros que nunca lo sueltan por más que no amen. Todo es cuestión de decisión y voluntad.

LAS ALMAS GEMELAS

Quién no ha escuchado, entre otros cuentos de hadas, la vieja historia de que tenemos un alma gemela. Esta creencia, aunque inspiradora, puede despertar muchas dudas: ¿qué es realmente un alma gemela? ¿Es un gran amor? ¿Es la persona que compartiría todos nuestros deseos sin pedir nada a cambio? ¿Es una pareja que no nos ve defectos y que no ve a nadie más que a nosotros? ¿Todos tenemos una? La lista puede ser interminable; sin embargo, hay mucha gente que está convencida de haber encontrado a su *media naranja*. Las almas gemelas existen, Dios las ha creado para ti, pero ¿dónde está la tuya?, ¿ya habrá nacido?, ¿quién la tiene que no la suelta?, ¿dónde se habrá metido?

Te explicaré el proceso: Dios crea un alma a su imagen y semejanza y le hace dos pedidos: dividirse y cumplir una misión. El alma baja a un plano que se llama *monádico* y ahí se separa, aunque no en fracciones iguales. Cuando la porción más grande llega a la vida, reconoce inconscientemente que una parte complementaria está perdida, y entonces se dedica a buscarla. Cuando la encuentra, o cree haberlo hecho, se vuelve excesivamente protectora y no está dispuesta a soltarla por nada. Mientras tanto, la porción más pequeña también aparece en el mundo, pero sin ningún reconocimiento de su estado incompleto. Cuando las dos partes se encuentran por primera vez e intercambian miradas, sienten una gran atracción que hace vibrar hasta el último hueso. En ese instante sienten que el mundo se abre en dos para darle fuerza a la pasión y al amor. No obstante, lo más probable es que la parte más pequeña del alma gemela se asuste al ver tanta luz, y en algún momento del encuentro quiera salir corriendo. La parte grande, como hemos dicho, querrá protegerla, sostenerla, cuidarla y quedarse con ella para toda la vida. Quizás el alma pequeña se sienta acorralada y se vaya por un tiempo indeterminado, coartando todas las maravillosas promesas del encuentro inicial.

Estar con el alma gemela es un gran desafío, sobre todo

porque la luz también atrae oscuridad. Pueden ocurrir muchas desavenencias mientras el alma gemela grande se empecina en estar con su complemento. Pero si es tan difícil compartir la vida con el alma gemela, ¿entonces para qué Dios se toma tanto trabajo? Debes saber que para Dios nada es trabajo, todo es luz y todo es amor. Él crea todo con un fin: la perfección.

Algunas de las almas quieren ser libres y deciden escaparse de la persona que reconocieron como su otra mitad. ¡No es para perder la esperanza! Digo esto sólo para que tomes conciencia de que, si buscas a tu alma gemela, estás en el camino equivocado. Las almas no se *buscan*, se encuentran por coincidencia, por azar. Ese encuentro es todo un milagro. Claro que, aunque hayas fracasado buscando, la posibilidad de un milagro siempre será latente.

LA SALVACIÓN DEL AMOR

Ese amor perfecto que buscas nunca llegará si no te deshaces del ego, los celos, la inseguridad y la exigencia de querer que el otro cumpla todas tus expectativas. Nadie sabe por qué, pero el amor es una de las cosas más difíciles de encontrar, y en tiempos donde la poca tolerancia y la exigencia son lo cotidiano, todo es muy delicado.

Nadie se encuentra solo porque quiere, sino porque lo elige. Encontrar el amor en tu vida también es una elección. Pero ¿qué pasa si eliges a alguien que no es adecuado para ti? Nadie elige lo que no le corresponde. Si elegiste es porque tenías que hacerlo. Si tú vas a golpear otro corazón y éste ya está ocupado por otra persona, piensa que esto ya lo habías elegido antes de nacer; tú elegiste a quienes amar y en quienes dejar huellas profundas de amor.

Tal vez alguien no quiera aceptar que el amor lo es todo; podrá carecer de él por un día o un mes, pero no podrá sobrevivir toda una vida así. El amor es una salvación. El mejor reconocimiento que puede tener un ser humano es el sentirse querido. Para sentirse querido, sin duda, primero hay que saber quererse. Recibir un *te quiero* es un gesto que calma los nervios, es la caricia espiritual más bonita. Un *te amo* es la expresión más sagrada, el máximo premio que puede recibir una persona.

Hay tantas formas de decir "te amo" que no siempre te lo pueden decir con palabras. A veces te lo pueden demostrar con lenguaje corporal o con una acción, pero detrás de cada acto solidario hay amor. Si no te tratas con amor, el cuerpo lo refleja. Si no te alimentas con amor, el cuerpo gana o pierde kilos. Si no vives con amor, no serás abundante. El amor es el símbolo fiel de la belleza. Piénsalo así: tienes que elegir a un cocinero para que prepare un platillo delicioso. ¿Cuál elegirías? ¿Uno que cocina con cariño y dedicación, o uno que hace todo con descuido y sin entusiasmo? Indiscutiblemente el que cocina con desgano nunca podrá hacer nada rico. Realiza sólo lo que genere amor, lo que no, suéltalo. También soltar es bueno para cuidar el amor.

El amor te salva o te lleva a la locura, depende en qué estado emocional te encuentres cuando toque tu corazón. El amor, ese amor con el que toda persona sueña, ese amor que te salva de todas las formas, es el que te lleva al camino de la verdad.

La vida sin amor no podría mantener el orden divino. Sin amor no valdría la pena levantarse de la cama cada mañana. Él lo es todo y no tiene ningún tipo de reparo en limitar alguna demostración de afecto.

El amor es un juego de intercambios energéticos; y hablo del amor de pareja, de familia, de trabajo, de amigos. Ese amor que todos soñamos tener puede llegar a ser eterno y puede traspasar este mundo para volver a encontrarnos en el final del túnel. Alguna vez el amor puede doler, pero nunca llegará a lastimar porque si lastima entonces no es amor. El amor es la no agresión. Cuando amas no puedes agredir. Puedes enojarte y pensar cosas feas del otro, pero de ahí a causar dolor... ino puedes decir que lastimar es hablar de amor!

No es fácil el amor del hombre. Atrás del sentimiento egoísta de poseer que nada tiene que ver con el amor, vienen los celos, la envidia, el mal llamado amor que sobreprotege, el que retiene. Tendríamos que educarnos para que el amor fuera incondicional. No te olvides de que todo es cuestión de costumbre. Tendrías que educarte a amar sin condiciones, sin temblores ni derrumbes.

¡EL AMOR ES PARA TI!

¿Qué crees sobre el amor? ¿Crees que lo mereces? ¿Crees que no tienes suerte? ¿Crees que el amor no es para ti? ¿Crees que estás haciendo algo mal? Nadie hace todo totalmente bien ni totalmente mal. Sólo tienes que animarte a dar todo lo que llevas dentro para que tengas una vida exitosa. Si crees que el amor vendrá a medias, así será, porque lo que crees lo creas en el campo mental y espiritual. No puedes creer en ti tan sólo un poco: icree más en ti! iPorque el amor a medias no es amor!

Segunda parte

Tu camino
y capacidad creativa

Punto de partida

Una vida próspera y armoniosa comienza cuando trabajamos en nuestra fuerza interior, en el poder de la voluntad.

CONSTRUIR CERTEZA Y FINALIDAD

Es muy probable que te hayas preguntado en dónde se esconden las supuestas virtudes humanas: los buenos sentimientos, las buenas acciones, la buena voluntad. Te has cuestionado qué haces en este mundo, cómo podrías sobrevivir en este lugar totalmente amenazante, frío y capitalista.

Si alguien se atreve a afirmar, con optimismo, que la vida está repleta de magia, que el universo es amor y el mundo es perfecto, es lógico que te quedes pensando y te sigas preguntando: ¿dónde está ese mundo perfecto? ¿Dónde se metió toda esa maravilla? ¿Se habrá escondido debajo de la tierra? ¿Acaso será el karma que le toca vivir al mundo? ¿Será que el mundo siempre tuvo un karma negativo porque desde siempre hubo guerras, rencores, celos y catástrofes?

No importa cuántas preguntas tengamos, podemos seguir cuestionándonos y lo haremos indefinidamente en la verdadera búsqueda, hasta que el mundo termine con nosotros.

Seguiremos en esa exploración inagotable y única que quizá pueda develar su sentido al final de nuestras vidas, o quizá no. La incertidumbre será lo único cierto; ella nos acompañará día a día. ¿Y si con esa incertidumbre tenemos ataques de pánico? ¿Si con ese porvenir incierto no podemos perdonarnos los errores cometidos? ¿Adónde iremos a parar?

No quieres todo este caos para el mundo, ¿verdad? Ante estas interrogantes, te invito a que juntos cambiemos estos paradigmas y que por primera vez construyamos certeza y finalidad para nuestra vida. Para este propósito necesitamos respirar vida, sí, ¡vida! Una existencia que pintaremos de rosa cueste lo que cueste, porque, si no te animas al cambio, la vida se encargará de que cambies del modo que más le guste a ella. A ti no te gustará que la vida tome sus propias decisiones sobre ti, porque después de todo tú y yo somos libres de elegir. ¡Vamos, elijamos juntos un nuevo bienestar!

ACTUAR CON SABIDURÍA

Cuenta la historia que cuando Dios hizo al hombre decidió ponerlo en este bello planeta, pero como no creyó conveniente darle al ser humano todo servido en bandeja de plata, dijo que escondería su sabiduría en algún lugar difícil de encontrar.

Junto a Dios estaban los viejos sabios que lo ayudaban a esconder la sabiduría:

—Escondámosla en el mar —dijo uno de ellos.

—¡No, ahí no! La van a encontrar fácilmente. Escondámosla debajo de la tierra —replicó otro sabio maestro.

—¡Ahí tampoco! —agregó otro maestro.

—Bien —dijo Dios—, la esconderemos dentro de cada ser, ahí no se perderá, pero tendrán que convertirse en buscadores eternos para encontrarla.

———————————

¿Será que todavía creemos que esa sabiduría está afuera?

INOCENCIA Y JUEGO

La mente no sabe diferenciar lo que es real de lo que es imaginario, por eso te invito a que vuelvas a nacer para que puedas construir tu propia infancia. Cuando somos niños vamos por la vida creyendo que todo es un juego, pero cuando crecemos pensamos que la vida es cosa seria y dejamos de jugar con ella. La inocencia y el juego son extraordinarios filtros para interpretar el mundo si los usas con inteligencia. Se trata de una *sabiduría lúdica* que nos da al mismo tiempo un temperamento adulto y la ligereza de un niño para superar los obstáculos.

Vuélvete niño, mírate las manos, haz un recuento y contempla lo que has hecho hasta ahora. Piensa en lo que has logrado a pesar de los sufrimientos, agradécelo y continúa *jugando:* hazlo como si estuvieras en un cuento de hadas, como si fueras un mago con deseos de renovar todo.

FUERZA INTERIOR

El fuego representa el calor del amor y el deseo del universo de preservar la vida. Todos somos fuegos, todos llevamos fuego dentro de nuestro cuerpo. También representa la voluntad, la fuerza interior que cada ser humano tiene para lograr algo. Hay personas cuyo fuego, al no tener ellas voluntad, se hace pequeño, por eso son tibias: ni hacen todo bien ni todo mal, pero sí hacen todo sin ganas, sin fuerza y sin entusiasmo. ¿Cómo podemos hacer que el fuego alcance un esplendor capaz de iluminar al máximo nuestra vida? Esto está relacionado con las cualidades del alma, cuyo símbolo por excelencia es el fuego.

Nuestra alma tiene tres cualidades fundamentales: creatividad, curiosidad y entusiasmo. La *creatividad* es una inmensa fuerza desconocida que nos lleva en el transcurso de la vida a dar nacimiento a ideas nuevas y transformadoras. Esta cualidad forma las ilusiones, los ideales de los sueños, la fuerza de las imaginaciones. La creatividad siempre alimentará el fuego interno.

Así como un niño pequeño pregunta y pregunta y de ese modo aprende, el fuego de la curiosidad quiere saber más. El ser humano, preguntando y averiguando, se vuelve cada día más sabio. Nadie se va de esta vida sin aprender, y para aprender hay que salir a *curiosear*.

Entusiasmo es una palabra que deriva del griego y su significado literal es "con Dios adentro" (*en*: adentro, *theos*: Dios). Entusiasmar es dar ánimo, animarse. Es ser un volcán que anima el fuego interno: algo realmente maravilloso. Todos los fuegos de la vida te animan, te dan fuerza: el fuego del amor, el de la amistad, el de la pasión por la misión o por lo que amas.

Cuando estas tres virtudes están alineadas y activas, el alma brilla con todo su esplendor. Cuando son cuidadas por quienes las poseen, la fuerza del espíritu desplegará su mayor potencia. Quien tiene fuerza en su espíritu tiene poder de voluntad. La voluntad, contraria a la postergación y a la apatía, hace que puedas seguir adelante hasta conseguir todo lo que te propones.

Ese poder de voluntad hace que las personas no tengan que depender de ningún tipo de droga, vicio o mentira. El poder de las virtudes alineadas hace que ningún tipo de energía negativa se acerque y complique tu vida. Las personas que no tienen voluntad o quienes la han perdido pueden recuperarla con este ejercicio:

EJERCICIO PARA FORTALECER LA VOLUNTAD

Ubícate en un lugar cómodo y que te sea grato. Pon música tranquila y que te guste. Busca un sahumerio de algún aroma de flores. Esparce tu perfume favorito en lugares desde donde lo puedas percibir. Cierra los ojos, imagina que estás en un bosque de árboles frondosos que tienen troncos gordos y fuertes, hojas verdes y brillantes. Mucho verde en su césped y un cielo azul que abraza todo el paisaje. Deja que tu imaginación fluya y se deje ir hacia el paisaje.

Ahora imagina una gran fogata enfrente de ti. Deja que el fuego se acerque. Permite que te dé calor y te haga escuchar el crepitar de las ramas. Respira profundo y deja que el fuego entre en tu cuerpo. Imagina que el fuego entra por cada una de tus células.

Mientras visualizas esta imagen, empieza a repetir esta frase como si fuera un mantra:

El fuego de mi voluntad se enciende
y me lleva a la acción para lograr todos mis sueños.

Repítela por lo menos 15 veces. Verás los resultados que deseas mucho antes de lo que piensas. ✺

RENUEVA TU ESTRIBILLO

Cada persona tiene un disco rayado de su vida. Cuenta siempre las mismas historias, los mismos errores, los mismos miedos; tal como una aguja que sigue el surco de un disco viejo de vinilo, dando vueltas en el mismo lugar, va construyendo un hueco profundo. El disco se raya cuando una persona tiene siempre el mismo problema, cuando teme resolverlo, cuando duda de cómo solucionarlo. Cuando alguien no se anima a cambiar, repite un estribillo. Éste resuena en la mente, queda marcado en el alma y a la vez repercute en el universo. Y cuanto más cuentas lo mismo, más obtienes lo que no quieres.

¿Cuál es tu estribillo? Tu estribillo es aquello de lo que te quejas. Es el lamento que todos conocen porque lo has contado una y otra vez. Es el tema de conversación con el que crees que atrapas a quienes te conocen.

El estribillo de una canción se aprende; es lo que queda de la canción cuando se hace pegadiza. Así pasa cuando cuentas durante mucho tiempo la misma historia. Tus amigos siguen el estribillo y hasta lo podrían cantar en tu nombre. Ellos te ven y ya saben tu historia de memoria.

Más de una vez te habrá pasado que, al ver a tu amigo y conocer su canción desafinada, tú ni lo escuchas. Si no quieres que tu canción sea pegadiza para los demás, deberías cambiar tu estribillo y dejar de cantar tu vieja canción. Haz música de tu vida quitando todos los estribillos negativos.

VOLUNTAD DE CAMBIAR A TRAVÉS DE LA INTUICIÓN

Toma un tiempo para responder los siguientes cuestionarios. Escribe tus respuestas en una hoja.

CUESTIONARIO ESPIRITUAL

¿Qué tan efectiva es tu intuición? ¿Qué tan fuerte es tu fe?

¿Has tenido encuentros, visiones, situaciones paranormales o espirituales a las que no hayas podido dar una explicación normal?

¿Has tenido sueños recurrentes que se repitan más de una vez? Pueden ser lindos o pesadillas.

Respuestas

Si a todas las preguntas contestas positivamente, entonces tu intuición es alta. Si no has tenido sueños recurrentes, significa que no hay grandes preocupaciones que resolver. Cuanto más creas en tu intuición y en tu fe, más seguro jugarás el juego de tu vida.

CUESTIONARIO EMOCIONAL

¿Qué cosas, situaciones o emociones quisieras cambiar y, por más que quieres hacerlo, no puedes?

¿Depende de ti?

¿Qué quisieras lograr?

¿Cómo te sentirías si lo lograras?

¿Qué te impide conseguir esos cambios?

¿Hay personas a las que tengas que perdonar: padres, exparejas, amigos?

Piensa en todo lo que has sido capaz de perdonar hasta ahora...

¿Cuánto te has liberado al hacerlo?

¿Cómo te has sentido al haberlo realizado?

¿De qué te has dado cuenta?

¿Qué es lo que más te cuesta en la vida, que los demás pueden tener y a ti no se te da?

Si apareciera un genio con una varita mágica, ¿qué sueños le pedirías que te ayudara a cumplir?

¿Cómo te sentirías si lo lograras, cómo te verías, qué te dirías, cómo sabrían los demás que lo has logrado?

Respuestas

Cuantas más respuestas hayas dado en las que los resultados dependieran de ti, más posibilidades de salir adelante tendrás.

¿De qué te has dado cuenta con estos cuestionarios? Vamos, piensa. No esperes que las respuestas salgan de la nada, deben salir de tu corazón, no sólo de tu mente. Sé que te has dado cuenta de que puedes cambiar y que tienes todos los recursos necesarios para hacerlo. Bien, entonces, ¡confía! Pronto acontecerán esos cambios que tanto deseas.

LA DIETA MENTAL

Es necesario deshacernos de hábitos viejos y dañinos. Para lograr este objetivo te propongo la siguiente dieta, una dieta mental que consiste en evitar los pensamientos negativos.

EJERCICIO PARA REEMPLAZAR HÁBITOS NEGATIVOS POR POSITIVOS

Encierra imaginariamente todos los pensamientos y sentimientos negativos en un círculo o en un globo de aire. Luego imagina que puedes transformar cada uno de esos pensamientos en algo que no te guste, lo primero que se te venga a la mente. Si imaginas al *miedo,* enciérralo y después transfórmalo, por ejemplo, en la imagen de una *víbora.* Si piensas en la *angustia,* podrías convertirla en *lluvia.* El *miedo a hablar en público* en un *ratón.* La *baja autoestima* en una *rana.* El *miedo a estar solo* puede ser un *caracol.* Éstas son algunas opciones, pero se te pueden ocurrir muchas otras imágenes que, aunque te parezcan muy disparatadas, tienen que ver con tu proceso de pensamiento de modo inconsciente.

Ahora piensa en una imagen contraria o incompatible en relación con la metáfora que elegiste. Por ejemplo: donde imaginaste al *ratón,* lo contrario podría ser un *león.* En donde viste la *lluvia* puede ser que la imagen incompatible sea un conjunto de *globos de colores.* Ahora toma uno de esos sentimientos que transformaste y escribe tu primera afirmación de esta manera:

—Yo soy un *león* cada vez que tengo que *hablar en público.*
—Yo soy un conjunto de *globos de colores* cada vez que siento *angustia.*
—Yo soy...

Toma la primera afirmación y realiza el siguiente proceso: escríbela y repítela oralmente más de 10 veces diarias durante 7 días, luego empieza con los otros miedos o limitaciones y así sucesivamente hasta que se termine la lista. Recuerda que esto no es una simple afirmación mental, es un ejercicio del inconsciente para poder darle la fuerza necesaria para reemplazar un hábito negativo por uno positivo.

Proceso creativo

*El universo nos contiene de forma amorosa y nos
brinda todo aquello que necesitamos para crecer.
Al haber claridad en las ideas, nuestra mente
trabajará para crear lo que anhelemos.*

AUTOCONFIANZA, EL COMIENZO

Cada persona tiene su propia montaña que atravesar. Algunos eligen el peor camino; eso sucede cuando no conocen otros. También suele pasar que algunas personas creen que no se merecen un camino mejor. A muchas de ellas, que son algo rutinarias, no se les ocurren otras opciones más que las que conocen y se les hace costumbre elegir el camino sinuoso, pesado y largo que siempre han transitado.

Otros eligen ir acompañados por si se pierden. Así siempre tendrán a alguien con quien compartir la penuria que les toque vivir en las desavenencias que presenta muchas veces la montaña. Otros escogen un camino que ya esté marcado por los padres, hermanos, etcétera. Ese camino no presenta mayores riesgos y quienes lo transitan se acostumbran a la ausencia de obstáculos, pero cuando aparece alguno no saben cómo sortearlo.

Los caminos de Dios son perfectos como los tiempos, aunque siempre hay un *pero*: si quieres atravesar la montaña tendrás que ir bien armado, tendrás que pisar firme, saber muy bien cómo te mueves y hacia dónde vas. No puedes perderte en una montaña porque puedes correr riesgos.

Nadie va a atravesar por ti ninguna montaña por más que se lo pidas. Nadie querrá perder su tiempo para seguir tu camino. *Tú* solo encontrarás las respuestas que estés necesitando. Las respuestas de la vida se encuentran individualmente. Una vez que llegas a la cima, puedes compartir las experiencias.

Recuerda que absolutamente nadie podrá darte un camino recorrido. Nadie podrá llevarte en su cuerpo para que no te canses. Sólo Dios puede darte la posibilidad de levantarte de la montaña y llevarte al cielo. Sólo Él puede mostrarte el camino, pero únicamente cuando ya no tienes un cuerpo.

Si te gusta estar vivo y tener el cuerpo completo, entonces acepta cuando la montaña es muy alta o empinada, si te agitas al subir o si sientes que es un sacrificio subirla: todo eso es parte de la existencia, de los retos del alpinista que eres. Esto me recuerda un viejo relato sobre dos alpinistas:

> *Cierta vez dos intrépidos hombres iban subiendo una montaña. De pronto a uno de ellos se le desprendió la cuerda que sostenía a ambos. Entonces quedaron suspendidos en el aire, colgados boca abajo como un péndulo. Se quedaron en dirección a la pared de la montaña; no podían ver nada desde esa posición.*
>
> *Uno de ellos mantuvo la calma todo el tiempo y pudo encontrar un lugar para sostenerse. El otro se encontraba ansioso, pero empezó a sentir una voz*

que le hablaba y le decía que confiara, que se soltara. Sin embargo, no creyó en la voz y, después de unas largas horas de estar suspendido de la cuerda, murió. Al otro día apareció en el diario un titular que decía: "Alpinista muerto estando sólo a tres metros del suelo". Esa voz que lo pudo haber salvado era la voz de Dios, era la voz del ángel, era la voz de su sabiduría: el alpinista descreído no confió.

¿Qué hubieras hecho tú en el lugar del alpinista?

Para que lo anterior no te suceda y tengas más fe, te recomiendo este ejercicio, el cual te ayudará a realizar un buen trabajo interno.

EJERCICIO PARA REANIMAR LA FE

El regalo oculto

Para hacer estas visualizaciones, es útil que previamente las grabes con tu propia voz o que alguien lo haga en tu lugar. Si no, apréndete los pasos de memoria.

Encuentra una posición cómoda. Siéntate derecho y cierra los ojos. Respira varias veces profundamente. Relaja por completo tu cuerpo, liberando toda tensión. Deja que todas las emociones y pensamientos que puedan aparecer se desvanezcan. Hazte como un lago sereno y tranquilo que refleje perfectamente el cielo azul. Mantente en paz y, sin embargo, alerta.

Cuando estés listo comienza a sentir que estás caminando por una gran ciudad. Siente el pavimento sólido bajo tus

pies. *Mira* lo que miras, *escucha* lo que escuchas y *siente* lo que sientes. Visualízate penetrando en una entrada de un edificio muy alto. Una vez adentro notas que hay varios ascensores. Te diriges a uno y dices "arriba". Las puertas se abren y entras solo. Aprietas el botón que dice "terraza". Las puertas se cierran y, cuando el ascensor comienza a moverse, te sientes perfectamente cómodo, tranquilo y seguro. El ascensor comienza a disminuir la velocidad, se detiene en el último piso, las puertas se abren y das un paso afuera ante una vista sorprendente.

En la terraza hay un bosque. En todas partes hay capullos de flores blancas, el sol brilla resplandeciente sobre ti. Caminas a lo largo de un sendero y sientes una gran tranquilidad, muy lejos de la calle ajetreada que dejaste momentos antes.

Después de un tiempo, encuentras un banco y te sientas a descansar; pronto empiezas a tener la sensación de que no estás solo. Recorres con la mirada el camino que tienes por delante y ves que viene a tu encuentro un guía sabio y cariñoso. Alguien que realmente te conoce y te ama, con quien te sientes muy seguro y completamente cómodo.

El guía se acerca, te saluda cariñosamente y te entrega un regalo. Tú preguntas: "¿Qué es?". Y el sabio te contesta: "Aquí están todos los momentos más hermosos que vivirás en el transcurso de tu vida". Ahora el guía te entrega su bendición para que puedas cambiar, abrir tu corazón para amar la vida y encontrar lo que estás buscando. El guía se va y te deja la paz de ser congruente contigo mismo y te quedas imaginando cuántas situaciones buenas pueden ser reales.

Todo lo que tú puedas anhelar, tu mente trabajará para crearlo. ❀

SIGUE TUS SUEÑOS Y HAZLOS REALIDAD

El pensamiento es el mando experimental de pequeñas
cantidades de energía, como un general que ubica
piezas en miniatura sobre un mapa antes
de mandar sus tropas al ataque.
SIGMUND FREUD

La fuerza de las ilusiones siempre te irá empujando hacia delante. Quien no sueña deja de existir por más que respire. La persona que cree que tal cosa o tal circunstancia no es para ella se está negando la posibilidad de lograr lo que le gustaría. Quien deja de soñar deja de crear y quien *medio cree* es mediocre.

Soñar implica estar dispuesto a pescar lo mejor del campo cuántico. Si no habías escuchado este concepto, te lo explicaré. Una vez conocí a una chica que se había ido de vacaciones con una amiga a Goa, una isla preciosa del mar Arábigo. Fueron a ese lugar para festejar que se habían recibido de abogadas, pero tuvieron la mala suerte de estar en el momento en que llegó el tsunami a las costas. Paula y Silvia estaban en la piscina del hotel cuando de pronto vieron que una ola gigante venía sobre ellas y a los pocos segundos las metió en el mar. Silvia veía cómo se arrastraba girando como si un torbellino se hubiera apoderado de ella. A su lado iban también rodando sillas, mesas, sombrillas, gente. Todo lo que estaba en su hotel se situó repentinamente debajo del mar. Está por demás decir que Silvia se salvó, pero necesitó mucho tiempo de recuperación para entender qué era lo que le había sucedido.

Lo que quiero comentarte con este relato es que exactamente igual que con el tsunami, en el que todo se revolvía debajo del mar, hay un torbellino de situaciones que vuelan en el aire sin que tú las veas. Ruedan y se manifiestan como un tsunami, giran a tu alrededor como un pájaro o una mariposa, vuelan y vuelan sin rumbo. Ése es el campo cuántico. Quien sabe cómo pescar en esa realidad cósmica toma su premio y lo baja a la Tierra.

Ese espacio, del cual probablemente todavía tienes dudas de que exista, es verdaderamente flexible y se hace presente cuando la paciencia y la constancia se vuelven las cañas de pescar en el campo cuántico. Siempre hay que respetar los tiempos del universo.

Si tus pensamientos acerca de lo que quieres lograr están fragmentados y espaciados —hoy pides un poco, mañana lo que recuerdes y pasado otra cosa totalmente diferente—, el universo no sabrá con precisión lo que realmente estás buscando. No se puede tener una ilusión un día sí y otro no. Debe ser constante el pedido y el sueño, pero no tiene que ser obsesivo.

Para ser un buen pescador debes buscar con un corazón claro y ser una persona coherente. Si no sabes qué es lo mejor para ti, si eres caprichoso con tus objetivos, si te enojas cuando no salen las cosas como quieres, entonces ni siquiera podrás tirar el anzuelo al mar de posibilidades. Es como si pescaras un pez pero luego te arrepintieras y tomaras un pedazo de él y al poco tiempo hicieras lo mismo con otro, o como si la caña te diera la señal de que algo había picado y tú no respondieras pensando que luego vendrá otro.

Si quieres ser un buen pescador debes preparar bien los utensilios de la pesca: sabes que el pez, que está en el campo cuántico, es aquello que quieres obtener. Para ello necesitas una caña, símbolo de fe y confianza en que todo es para bien. Asimismo, necesitas una carnada, que representa la perseverancia y la paciencia necesarias para hacer realidad los grandes anhelos.

Por último, puedes pedir sin medirte, sin limitarte, pero una vez que hayas hecho un pedido, suéltalo y mándalo al espacio infinito.

LA FUERZA DE LA ESCRITURA

El universo es una inmensa fuente creadora. Crea todo lo que le pidas. Si te ves impedido para lograr lo que quieres, empieza a cambiar el disco duro de tu computadora mental y deja fluir la energía. Como ya te expliqué, para cada cosa que quieras pedir necesitarás ser específico, definido y, de forma ideal, escribir todo lo que se te ocurra. Al universo le gusta que te tomes un tiempo. No importa si es todos los días o cada mes: crea un hábito positivo conectándote con el universo a través de la escritura.

EJERCICIO PARA TRABAJAR
LA ESCRITURA CREATIVA

Imagina que tienes alas y subes al cielo, en él atravesarás nubes, arcoíris y perfumes. Los colores del cielo son nítidos y fuertes, iguales a los que conoces pero más definidos e intensos. Subes a diferentes planos hasta que encuentras una biblioteca dorada con destellos muy fuertes, como si fuera de oro. En ese momento abres un libro que tiene como portada tu nombre y apellido. Vas a imaginar que escribes un capítulo, por ejemplo: "El amor de mi vida".

¿Cómo lo quieres? Esto es lo próximo que tienes que escribir, pero no pidas algo con expectativas inalcanzables, escribe con ilusión sincera, como debe ser. ¿En dónde te gustaría conocerlo? ¿Cómo serías con esa persona? ¿Qué darías a cambio? Siempre debes ofrecer algo que puedas cumplir.

¿Para cuándo lo quieres? No vale responder "lo quiero ya" o "para ayer"; todo debe tener fechas aproximadas pero posibles. Luego fírmalo. Tu rúbrica debe estar debajo de lo que has escrito y a la derecha. Una vez hecho esto, las bendiciones estarán dadas. Abre tus ojos cuando hayas bajado del cielo.

Compra un cuaderno que tenga hojas amarillas y escribe todo lo que viste en tu viaje interior. Cada vez que quieras algo, repite el mismo proceso.

TU VIDA COMO UN JARDÍN

Siembra rosas.
Siembra sabiduría.
Siembra amor por el camino que te toque transitar.
No dejes de soñar con los frutos que tanto te mereces.
No temas seguir sembrando aunque las plagas te hayan dejado la siembra en pérdida.
Todo se recupera mientras la tierra sea la fe
y la semilla la esperanza.

Otra hermosa metáfora para comprender el proceso creativo es ver la vida como un vasto jardín. En él somos jardineros y, como tales, debemos saber muy bien cuál es el momento adecuado para recoger los frutos y cuándo volver a sembrar.

Algunos se equivocan de terreno y siembran en el del vecino; luego se quejan de que en su jardín no ven nada nuevo. Otros siembran observando el terreno del otro y se pierden de recoger sus propios frutos. Algunas personas siembran tantas cosas a la vez que cuando tienen que recoger su cosecha no saben por dónde empezar y se les pierden sus buenos frutos.

Elige tu terreno, no empieces por querer cambiar todo a la vez. No se puede abarcar todo, pero puedes comenzar por algo. Tal vez no haga falta que elijas todo el terreno. ¿Por dónde te gustaría empezar? ¿Por el terreno del amor, por la salud, por la prosperidad, por la autoestima?

Piensa... ¿cuál es el terreno que quieres empezar a preparar? ¿Cuál sería el método para prepararlo? ¿Qué actitudes tienes para mejorar la tierra? ¿Con paciencia, con fuerza, con voluntad?

Anota en este espacio el terreno que trabajarás:

¿Cuándo comenzarás a prepararlo?

¿Cómo lo harás?

¿Cómo lograrás mantener el buen hábito para que no se te olvide ponerle ese abono?

¿Qué obstáculos o plagas tienes hoy en el terreno?

Recuerda que de nada vale que hoy pongas una semilla en una maceta y mañana la saques para sembrarla en otra y así seguir indefinidamente. Lo que dará magia a tu vida será ver los frutos, el resultado de la siembra, ¡la cosecha misma!

Tampoco es cuestión de ir tirando semillas por todos lados para luego dejarlas abandonadas, o no querer esperar el tiempo necesario para ver los frutos. Todo llega. Sólo hay que saber esperar y no desesperar. Los jardineros, una vez que sembraron, se relajan y dejan que la naturaleza siga su curso.

Imagínate qué pasaría si un jardinero, después de sembrar, revolviese la tierra para ver cómo está germinando la semilla. La tierra no se revuelve una vez hecha la siembra, sino que se deja en paz. Ahí radica la sabiduría: el sembrador confía y fluye con la naturaleza.

RESPETA TU RITMO

¿Cuánto tiempo falta para tener lo que quiero? Ésta es la pregunta de casi todas las personas. ¿Cuánto falta? Como los niños chiquitos que no pueden esperar, los adultos creemos que si apuramos los tiempos seremos felices. Sin embargo, el tiempo no se puede apurar. No puedes cambiar las estaciones del año. Tampoco puedes apurar los compases de la música, porque si hicieras esto la melodía perdería el ritmo.

El ritmo también tiene pausas, al igual que esas pausas de la vida donde no pasa nada, donde no se puede ahorrar dinero, donde el amor no aparece o el dolor de una pérdida se detiene. Estar en pausa no es retroceder ni detenerse, sino que es un tiempo de espera para que el ritmo de tu vida no se pierda.

Hay tiempos de espera, tiempos de rutina, de no crecer, de no avanzar, de no incrementar y de no amar. ¿Pero cuánto tiempo dura una pausa? Una pausa dura el tiempo que esté escrito que debes esperar. Dura lo que tenga que durar. ¡Hay que esperar, no desesperar, no perder las esperanzas!

Nadie se detiene en el tiempo de la vida, aunque sí crea que se está detenido. Mucha gente se desespera cuando su hijo deja de estudiar o cuando cambia de carrera porque teme que pierda tiempo; sin embargo, muchas veces ese tiempo es para madurar, para descansar o para aclarar las ideas.

Los amantes se asustan cuando alguno de ellos pide un tiempo para reencontrarse consigo mismo. No obstante, el tiempo de pausa muchas veces sirve para valorar y para ordenarse.

¿Cuándo se pierde tiempo realmente? Cuando uno no se da cuenta de que debe tomarse un tiempo. Una persona pierde tiempo cuando trabaja desde la mañana hasta la noche y no ve a sus hijos; cuando no se da el tiempo para estar con amigos, para estar consigo misma, o cuando se queja siempre por las mismas circunstancias en las que le ha tocado vivir. Una persona pierde tiempo cuando teme perder tiempo.

Mi padre es músico y me enseñó a leer música; yo jamás podría apurar las notas redondas ni tampoco podría leer el tiempo de las corcheas como se me ocurriera. Simplemente debo respetar lo que está escrito en las partituras para poder hacer música.

Cuando un niño es bebé, los padres no ven la hora de que hable y camine, pero tendrán que esperar el tiempo normal para ver todo lo que desean de él. Cada uno tiene su tiempo: las secretarias tienen su tiempo, los alumnos tienen su tiempo, las ciudades tienen su tiempo. Uno puede hacer de su tiempo música, una música melodiosa y agradable, o puede elegir desafinar con el tiempo del universo, puede elegir sonar mal y que la gente que lo rodea se vaya por tanta discordancia.

¿Y tú qué tiempo es el que no quieres esperar más? Los pensamientos recurrentes sobre las obsesiones de cuánto tiempo te falta para lo que quieres lograr sólo te llevan a rayar el disco de tu vida. Recuerda: los tiempos de Dios son perfectos.

APRENDER DE LA LUZ Y LA SOMBRA

Una de las preguntas que muchas personas se hacen es por qué si hacen *todo bien* no ven resultados. Los tiempos son iguales para todos, sólo que la gente noble necesita bases sólidas, bases importantes para construir lo que deben construir. La gente buena es sabia pero muchas veces no lo sabe.

La gente buena ha vivido muchas vidas y eso los hace fuertes. No es transigente con lo oscuro, pero su claridad tiene un tiempo para alumbrar. Cuando estás enfermo y es de noche, esa noche parece no terminar nunca; los amaneceres se hacen esperar.

Nadie puede decir que el sol no es importante; su luz es la bondad, da calor y alegría. Sin embargo, la bondad debe esperar su tiempo para ver resultados. Las personas buenas serán iluminadas por las fuerzas de los planos superiores y el amor será el farol que cada una lleve para alumbrar su vida.

Ese farol no siempre da una luz nítida. A veces la llama parece apagarse, cuando se pierde la fe, y otras veces la luz parece que se vuelve difusa. Como la montaña que representa el yin y el yang, por momentos el sol da luz a la mitad de la montaña y luego se pondrá en el otro extremo para alumbrar la otra mitad, que hasta ese momento estaba a oscuras. Seguramente siempre tendrás en la vida un poco de luz y un poco de sombra; un poco de calor y otro poco de frío. No sería tu vida normal si no estuvieras conociendo gente que te ayude a construir y gente que te ayude a destruir. Todos somos usados como un canal para que cada ser llegue a donde pidió llegar antes de nacer.

La luz únicamente puede acontecer como tal si hay sombra. Asimismo, la sombra se conoce gracias a la luz: no siempre elegimos dónde queremos estar. A veces la vida presenta confusiones que nos llevan a no saber de qué lado de la montaña se está.

Sólo cuando permaneces mucho tiempo en un lugar empiezas a darte cuenta de si estás donde quieres estar o donde no quieres. El problema de dónde te encuentras no es el lugar, sino que no te des cuenta de que estás incómodo.

Cuando haces un viaje de muchas horas, empiezas a buscar tu lugar en el asiento, con el que menos estés a disgusto. Luego buscas la posición que más puedas soportar. Si tienes suerte puedes quedarte dormido pero, aun incómodo, no se te ocurre buscar otra posición.

Muchas veces creemos estar cómodos con nuestra circunstancia cotidiana, pero al hacer algún cambio nos damos cuenta de que no lo estábamos, sino que nos encontrábamos simplemente *acomodados*. A aquel que se *acomoda* no le queda otra opción que situarse como menos le duela.

ILUSIONES *VS.* EXPECTATIVAS

Si algo se te metió en la cabeza es símbolo de que lo puedes concretar. Pero ten cuidado: una cosa es una ilusión y otra es una expectativa.

Las expectativas suelen ser excesivamente altas: es como si quisieras ir a esquiar por primera vez pretendiendo hacerlo sin caerte ni arrastrarte en el hielo. Tener expectativas es imaginar que bajarás diez kilos en tres días o creer que una crema reductora te hará bajar cuatro centímetros de cintura usándola una sola vez.

En cambio, tener visión de futuro es ver algo a largo o mediano plazo de forma verosímil, a través de sueños tangibles. Aunque las posibilidades sean infinitas, siempre tenemos que estar conscientes de que un sueño debe tener las pautas para poder crearlo paso a paso.

Siempre escribe en un papel, con todo el corazón, tus sueños más reales. En relación con estos últimos, baja las expectativas y sube tu caudal creativo para que el universo te escuche. Luego ten paciencia, así aprenderás con el tiempo a sembrar la ciencia de la abundancia.

EL PODER DE LOS MILAGROS

Cada milagro es una obra de fe puesta en el corazón. Muchas veces ir a donde el corazón indica es la mejor opción. Sin embargo, la razón bloquea hasta el latido más profundo de un corazón lleno de bondad y de amor.

Los milagros existieron, existirán y serán siempre una de las maravillas más grandes de la vida. Hasta al más inconsciente e ignorante le llegan los milagros. No todas las personas pueden darse cuenta de que hoy estar sano ¡es un milagro!, llegar a la casa y compartir con todos sus afectos ¡es un milagro!

Encontrar un gran amor o un amor simple y bondadoso, sano y sin mentiras, también es un milagro. Aunque no lo creas, los milagros son parte de la vida. Para muchos pueden ser parte de lo que hacen día tras día, parte de su esfuerzo o de sus habilidades, ¡no importa saber de dónde vienen esas acciones! ¡Lo importante es creer en ellas!

Todo está ordenado a tu disposición: la salud, el amor, las bendiciones; sólo debes saber cómo hacer conexión con estos elementos. La mayoría de la gente pone su atención en lo que no pudo ser o hacer, pero lo único que trae esa actitud es más frustración. Cuando sólo ves caos, sólo atraes caos a tu vida. Pero cuando sólo ves amor, sólo atraes amor.

Cuando crees no ver amor y sólo te conectas con el dolor y la pérdida, dejas de emanar una vibración positiva. Claro, nadie puede ir por el mundo pensando que nada le va a pasar; caerte es parte de la vida, pero levantarte es el milagro. La vida no se mide por los tropiezos, sino por el modo en que te levantas.

Imagina cómo vive la gente en India. Ellos no tienen luz a partir de las 5 de la tarde porque no alcanza el suministro todo el día. El agua tiene demasiado flúor, lo que los hace nacer deformes o con los huesos doblados a tal punto que caminan sólo con el tronco del cuerpo arrastrándose por el piso. Lamentable, ¿verdad? Es triste e inhumano. No obstante, ellos ríen y cantan, tienen una sonrisa inmensa de amor. ¿Sabes a qué se debe su comportamiento? Se debe a la fe que tienen, y eso los hace ser también un milagro en este mundo.

Tú tienes agua, luz y la posibilidad de un cuerpo sano. ¿Adónde crees que irás a parar si no ves tus milagros? Estar deprimido y sin energía no es una condición que propicie la creación de milagros.

Los milagros son parte de una actitud. Cuando el niño que es testimonio del libro *Francesco decide volver a nacer* se enfermó, nunca dejó de creer que iba a sanar. Cuando le dieron dos horas de vida y ya había perdido la conciencia, pasó quince días más estando en un coma profundo. Cuando se despertó totalmente curado, ni los médicos podían creer tal suceso sorprendente. ¡Eso es un milagro! Ni siquiera los doctores pudieron explicar semejante cambio tan bien como él, que al despertar dijo que nunca había perdido la fe.

También contó que había estado en el cielo y que la ley de abajo y la de arriba existían. Dijo que Dios era maravilloso, y que los milagros están destinados a ser comunicados a tu entorno. Por eso Dios te deja en este mundo, sólo para que esos pequeños o grandes milagros los compartas y no se pierdan en esta bendita tierra.

Asimismo dijo que quienes se fueron de este plano habían partido porque así estaba escrito en el libro de sus vidas. Ellos, que se encuentran en el lugar más sagrado del cielo, ayudan a que los milagros se hagan presentes en nuestra vida.

En tiempos remotos, los milagros consistían en curarse de una infección o poder viajar miles de kilómetros para llegar con mucho esfuerzo a otra civilización. Hoy todo es más fácil y puedes conectarte en segundos con el mundo entero. Hoy vives el milagro de la conexión, ese milagro que no pudieron vivir ni Jesús ni Buda.

Si estás en este siglo, con tu computadora, con tus aviones y con tu búsqueda ya eres un milagro. Sin embargo,

cuánta gente conoces que no reconoce nada de lo bueno que tiene: eso es vivir en la carencia. Es abundante quien sabe ver su progreso, quien día a día cosecha amigos y educa a sus hijos con los valores que les da la fe, aunque a veces parezcan anacrónicos.

Limitaciones espirituales para el crecimiento

Hábitos nocivos y personas negativas nos restan fuerza y nos alejan del logro de nuestras metas. Es importante estar prevenidos y saber corregir.

NEGATIVIDAD

Las ilusiones se mueren con la gente que es negativa. Las personas negativas no ven ilusiones sino temores. En cada ilusión que tú creas ver, ellos verán una amenaza. Los negativos de todo te dicen "cuidado", "piénsalo", "no te arriesgues". Son los tibios, los que no se arriesgan, los que ven todo negro. Siempre dicen "todo tiempo pasado fue mejor".

¿Qué hacer si tú eres uno de ellos? El primer paso que tienes que tomar es fingir ser positivo, porque el cerebro no sabe diferenciar lo real de lo imaginario y entonces creerá que estás cambiando.

¿Cómo hacer si vives con una persona negativa? ¿La convencerás de pensar diferente? ¿Crees que es posible? ¡Claro, no la podrás cambiar ni convencer! No está todavía preparada para el cambio. Así que respeta el tiempo del otro porque todo llega a la larga. Si le dejas de insistir en que se vuelva positivo quizá cambie. Nadie cambia cuando tú quieres que cambie, nadie toma un camino espiritual si no le ha llegado su momento. Entonces, ¿qué hacer?

Los maestros hindúes decían a sus discípulos que, si alguien caía en un pozo y te pedía que le dieras la mano para salir, tú no lo hicieras si no estabas pisando firme. Si lo quisieras ayudar estando mal parado, serías tú quien estaría cayendo al pozo con la otra persona. Deja que cada persona tenga su momento, no empujes a nadie a salir de su lugar de comodidad, pregúntale primero si quiere salir de su conflicto.

La negatividad es un tipo de energía que envenena cada situación. Por eso es importante que no te involucres con personas negativas ni quieras solucionarles la vida. Hasta que el otro no salga de ese estado, todo lo que puedas hacer generará otro problema negativo para el negativo. Recuerda que, como vimos en la primera parte del libro, puedes comprometerte pero no involucrarte. Extiéndele tu mano en cuanto te dé el *sí*.

CUIDADO CON LOS POSITIVISTAS

Las personas positivas tienen una onda divina, una energía llena de magia y de alegría. Se toman todo con buen humor y templan su carácter día a día. Cada vez que tienen un reto, lo ven como un problema maravilloso que resolver. Se enamoran de la vida, la disfrutan y contagian su buena vibra. Logran todo lo que se proponen y saben que todo llega. Siempre dicen: "¡Lo mejor está por venir!". Pero no olvides que los extremos son malos. Un extremo evidente de los positivos son los negativos, pero existe otro lado dañino: los *positivistas*.

Los positivistas están tan mal como los negativos porque siempre tienen expectativas altas inalcanzables. Creen que la suerte vendrá pronto y que se hará presente como por arte de magia simplemente porque son positivos. En realidad son ingenuos. Hacen castillos en el aire. No ven que la imaginación, aun con todo su poder, debe dirigirse a la creación de planes viables.

Los positivistas sólo buscan las soluciones mágicas, aquellas que vienen de la lámpara de Aladino. Esperan que alguna persona les dé un puesto más alto del que podrían manejar. Esperan que la prosperidad venga con la lotería antes que salir a trabajar.

A los positivistas les encanta jugar con la vida, pero juegan a la ruleta rusa porque no bajan a la realidad. Ni siquiera alcanzan ese plano de los sueños; sólo se quedan en un plano emocional y mental ilusorio que les hace creer que mañana serán tan poderosos como reyes, tan famosos como los jugadores de futbol y tan queridos como Dios.

Ni una cosa ni la otra; todo tiene que estar en el justo equilibrio. Recuerda: ni en el rojo del positivismo ni en el amarillo del negativismo; mantén la calma en el naranja del justo camino.

VIDA INUNDADA

En el transcurso de su vida, cada persona tiene diferentes tareas por hacer, problemas que solucionar y situaciones conflictivas que enfrentar. Muchas veces estas situaciones se presentan todas juntas como un gran abanico de opciones para resolver. En esos momentos la fuerza, que debería incrementarse, se repliega y uno empieza a temblar de miedo. Entonces comienzas a darle vueltas a la misma pregunta de siempre: ¿y ahora qué hago? Miles de pensamientos se hacen presentes en esos momentos y múltiples diálogos internos se suman a una fiesta de preocupaciones.

Volvemos a preguntarnos: ¿y ahora qué hago? Si no buscas resolver las situaciones que tanto te preocupan una por una y de manera ordenada, entonces perderás energía sólo con pensar en todos los pendientes que tienes.

Tu inconsciente es una isla de sucesos; el mar de la isla son las situaciones que enfrentas. Si no resuelves los conflictos conforme se presentan, seguramente el mar se pondrá furioso, las olas empezarán a subir e inundarán las orillas y después la isla entera: tu inconsciente terminará inundado.

Para encontrar una solución a cada situación tienes que tener paciencia y no dejarte caer. En esos momentos difíciles lo más probable es que hayas perdido toda la energía. Aunque alguien venga a pedirte que te muevas, por más que sea el ser que más amas, tú permanecerás inmóvil. ¿Sabes por qué? Porque literalmente te ahogaste en un mar de preocupaciones.

Sin embargo, de esos ahogos también se sale y se aprende. Si te sientes sin energía y con incertidumbre, si todo el tiempo te preguntas qué hacer, entonces lo mejor que puedes hacer es revisar cómo están tus neurotransmisores cerebrales.

Los neurotransmisores son como antenas que le dicen a una parte de tu cerebro que se tiene que mover, que tiene que resolver algo. Pero si éstos no tienen una buena carga química, no tendrás fuerza ni para mover un dedo. Para esto tienes que ir con tu médico y pedirle un análisis de sangre en el que pueda medir cómo están tus neurotransmisores cerebrales.

Cuando te inundas empiezas a darte cuenta de que no puedes tardarte mucho tiempo en sacar el agua podrida y el barro. Un complejo de vitaminas te dará fuerza para que puedas limpiar tu lugar. Saca el agua, limpia el barro y luego no dejes que llegue tanta inundación a tu hermosa isla.

Esto lo puedes hacer colocando vallas de contención en tu continente. Esas vallas simbolizan los límites, no solamente los que puedes colocarle a tu entorno, sino los que tendrás que colocarte a ti para no seguir cometiendo los mismos errores y los mismos patrones de conducta.

Como verás, el asunto es más fácil de lo que parece. Resuelve todo lo que se te presente pero no quieras hacer todo a la vez: paso a paso se construye el camino. Lo importante para no inundarse es hacer todo lo que esté a tu alcance para salir adelante. También aprende a tener paciencia con tu vida.

Escribe en orden las prioridades y luego abórdalas una por una. No te desesperes, simplemente actúa. Alguien se inunda cuando no hace nada, cuando todo el tiempo está dudando de cómo resolver algo y permanece estático. Recuerda que la intención sin acción queda en ilusión.

VICIOS: VOLUNTAD ENFERMA

A pesar de que todos tenemos la posibilidad de tener todo lo que se nos ocurra, hay ciertas sustancias que imponen limitaciones espirituales para obtener lo que se sueña. Las personas que se drogan con cualquier tipo de sustancia, con el tiempo se deprimen, pierden las ganas, pierden el orden, la identidad, la voluntad y, por sobre todas las cosas, ¡el poder de crear!

Las drogas no solamente hacen mal al cuerpo, también matan las neuronas de las ilusiones, esas que están dentro de la cabeza justo donde se ubica el entrecejo, casualmente el lugar donde diversas corrientes del hinduismo dicen que se ubica el tercer ojo.

Cuando una persona es adicta, ya sea a alguna droga, al alcohol o simplemente a las harinas o a los dulces, emana de su campo áurico un tipo de energía diferente a la de quienes no tienen vicios. Ese tipo de energía opaca el *campo áurico* y lo llena peligrosamente de "bichitos".

Quizá sea difícil explicar el asunto sin que sientas aprensión. Pero no es para que te asustes, sino para que lo compruebes. Así como existen duendes, ángeles y hadas, también existen entidades que se alimentan de nuestros desechos energéticos: son microscópicas y les encanta estar pegadas como parásitos comiendo, inhalando o chupando la energía contaminada por sustancias como el alcohol o la nicotina. Estos bichitos energéticos quieren que consumas a toda costa eso que te hace adicto y te convierte en un ser sin voluntad para dejar ese vicio. A esas entidades de baja vibración no les conviene que tengas buena voluntad, al contrario, les encanta hacértela perder.

Existen tres soluciones que debes tomar conjuntamente para liberarte de estos parásitos energéticos: ingresar en el camino espiritual para limpiar tu karma, aprender a tener fe y aprender a respirar y relajarte.

También puedes acudir al especialista para que lleve una terapia contigo, o a un buen grupo de contención para que nunca más caigas en el infierno de perder tu voluntad. Mientras puedas mantener tu voluntad en su capacidad máxima, tendrás una vida mucho más próspera que la gente que se enferma con algún tipo de adicción.

Las entidades mencionadas no dejan que fluya la abundancia: un chamán que conocí en Centroamérica una vez nos contó que hicieron un experimento con arañas, a las que drogaban con ciertas sustancias y ellas perdían la voluntad para tejer sus redes. Las redes quedaban colgadas de cualquier espacio, sin terminar; en cuanto se les pasaba el efecto a las arañas, volvían a tejer con ganas y con arte. No pierdas tu arte: es sagrado, es tuyo y sólo tú puedes hacerlo a tu maravilloso modo.

Vivir en abundancia

Mientras que la carencia es irreal, la abundancia
es la tendencia natural del ser humano.
Ser espiritual implica ser próspero.

LA VIDA COMO JUEGO DE MESA

La vida se puede pensar como un juego de mesa, un juego de niños: a nadie le preguntan si quiere jugar, lo meten en el tablero y ahí va. "Arréglate", dice el universo, y ahí te tienen de aquí para allá. Te defiendes como puedes hasta que te das cuenta de que estás en el juego y de que, ganes o pierdas, lo importante es jugar.

Hay personas que se unen al tablero y juegan con sus propias reglas, y otras que tratan de ganarte con trampas y mentiras. En el fondo de su corazón saben que no juegan limpio, pero nunca se animarán a reconocerlo. No les pidas explicaciones, nunca las recibirás. Sin embargo, puedes estar seguro, esas personas no ganarán indefinidamente.

Si alguien reconoce el error de haber hecho trampa, tú tampoco estarás conforme porque el juego es el juego y ese juego ya te lo han ganado. Entonces, ¿qué harás? Sólo intenta de nuevo, vuelve a empezar. ¡Disfruta del juego! Imagina que naces y que en ese instante te conviertes en una ficha de juego, creces y te desarrollas arriba del tablero. La gente empezará a conocerte y algunos decidirán unirse al juego.

Muchos te simpatizarán y otros no tanto, a otros querrás ayudar a que no pierdan el juego y de unos pocos te alegrarás de que no ganen porque te dejarán ese lugar a ti. Pero no olvides que a las otras *fichas* les pasa lo mismo que a ti.

EJERCICIO PARA EVALUAR TU FORMA DE JUGAR EN LA VIDA

¿Cómo llevas a cabo tu juego de vida? Por ejemplo, cuando estás ganando:

- ¿Te dejas estar, no prestas demasiada atención, te distraes, juegas tranquilo y sin presiones?
- ¿Empiezas y luego dejas el juego a la mitad?
- Repentinamente llega alguien y te come la ficha. Entonces, ¿te sales del juego?

Haz una cruz donde te sientas identificado con lo que te sucede la mayoría de las veces:

___ Siempre ganas

___ Casi siempre ganas

___ Dejas que te ganen

___ Haces trampa con tal de ganar

___ Sientes que la suerte no te acompaña

___ Te sientes poco astuto para el juego

Ahora reflexiona: ¿cómo te gustaría jugar? Seguramente dirás que ganando siempre. Si quieres la clave para que esto suceda, entonces sólo ten presente que *el juego es azar* y el azar de la vida no lo puedes manipular. Sin embargo, hay una parte de la que sí puedes tener control, y ésta es la de hacerte responsable.

JUEGA CON RESPONSABILIDAD

Responsabilidad significa responder con habilidad. Responsable es quien toma la iniciativa de correr riesgos y se hace cargo de su juego. Cuando juega no se distrae, no se enoja; sólo juega, perdona y libera.

Todos hemos probado el gusto amargo de la pérdida, el dolor del abandono o el poco entusiasmo que provoca el juego después de la derrota, pero cuanto más tengas presente la derrota, más tiempo tardarás en tenerte confianza para comenzar.

La rueda de la vida no perdona. Hoy te tiene aquí y mañana allá. Nada es permanente.

ADMINISTRA TU ENERGÍA

Juega como si fuera el último juego, pero recuerda: ¡no es el último juego! ¡No vayas a dejar toda tu vida en esa partida! Para que juegues el juego de tu vida y lo disfrutes, no tienes que dejar toda la energía en alguna jugada; basta con que pongas un poco de energía y te quedes con una gran porción para otras jugadas.

Dios y el universo te dan una cantidad de energía para todos los días. Imagina que te manda un pastel de energía: si te lo comes todo en un enojo, en un momento de impulsividad o en un momento de preocupación, sólo hasta el día siguiente volverán a darte una nueva ración. El día es muy largo como para que te quedes sin fuerza, así que cuida esa energía como parte de tu tesoro personal.

Esa fuerza es lo que realmente te ayudará a continuar tu camino.

LA CAPACIDAD DE CREAR ABUNDANCIA

Hay muchas preguntas sobre las que necesitamos reflexionar. ¿Qué te gustaría tener o lograr? ¿Cómo te gustaría tenerlo? ¿Cuál sería el modo para obtenerlo? ¿En dónde se vería reflejado que lo obtuviste? ¿Qué harías con ello? ¿Cómo te sentirías si lo tuvieras, qué te dirías, cómo te verían los demás? ¿A quiénes ayudarías? ¿Con quiénes lo compartirías? ¿Cuánto lo disfrutarías? ¿Para cuándo quisieras tenerlo?

La magia de la abundancia existe. *Abundar* es tener de más, es tener por donde mires: arriba, abajo, a la izquierda y a la derecha. El ser humano fue creado para ser abundante. Cuando no es abundante carece de lo que quiere, pero la carencia es un estado que no es real.

Normalmente creemos que en India, un país totalmente pobre, muchos se mueren por no tener comida. Sin embargo, es increíble ver en la playa, en la orilla del mar, que los peces salen solos del agua, como queriendo llegar a la arena, y saltan a las redes como si estuvieran amaestrados. Mucha gente no tiene dinero para construir o comprar una red o caña de pescar, pero entonces los peces saltan al cuenco de las manos de quien las abre.

La falta de comida no es la pobreza. La verdadera pobreza es la pobreza mental y la espiritual. Pobre es quien no sabe cómo hacer para llamar la atención. Pobre es el que se deja vencer, el cómodo o flojo. Pobre es el que vive como parásito de los demás. Pobre es el que no reconoce sus defectos y se tira en la cama dejándose deprimir sin pedir ayuda. Hay tantos tipos de pobreza que no se podrían enumerar. Si ninguno de estos tipos de pobreza está en tu mente, entonces eres abundante. La abundancia trae riqueza, que no tiene por qué estar peleada con la espiritualidad.

Siempre que seas congruente con tus pensamientos, emociones y acciones, la abundancia se manifestará. Si todavía hay algo que te está faltando en la vida, préstale atención a tus pensamientos; muchas veces éstos son de carencia, pobreza o de no merecimiento.

Tú siempre mereces lo mejor aunque te hayas equivocado. Siempre mereces darte una nueva oportunidad. Para ser congruente necesitas prestarle atención a tus pensamientos. Cuando éstos sean de *no puedo, no soy capaz, esto no es para mí,* revisa nuevamente lo que te estás diciendo y reemplázalo por alguna afirmación que te dé poder. Por ejemplo: "Soy un guerrero, atraigo lo mejor hacia mí, tengo una mente abierta y abundante".

La espiritualidad está relacionada totalmente con un estado de abundancia. La persona espiritual es generosa de verdad. Está completamente abierta a dar y cuando lo hace es con placer. Éste es el primer paso para crear abundancia.

ESTAR ABIERTOS Y ACEPTAR

Ten cuidado cuando dices: "No gracias, te lo agradezco", y justamente te están ofreciendo algo que supuestamente deseas. Al no querer aceptarlo, el universo cree que no lo vas a querer. Entonces no manda ninguna otra opción para que vuelvas a tener lo que necesitas.

Déjame que te cuente otro cuento:

Había una vez un hombre de mucha fe que vivía cerca del mar. Cierto día vino un huracán y una persona de salvamento le pidió que dejara su casa para que pudiera ir a un refugio. Él no quiso irse porque, dijo, Dios lo iba a salvar.

Después de varias horas la casa se empezó a inundar y vino un guardia a buscarlo en un bote. Él no quiso irse porque, dijo, Dios lo iba a salvar.

Pasó mas tiempo. El hombre se subió al techo. Estando en la peor parte del huracán, pasó un helicóptero y con un megáfono le gritó un soldado que se fuera con ellos porque pronto aumentaría el agua. Él no quiso irse porque, dijo, Dios lo iba a salvar.

El individuo, como era de esperarse, murió ahogado. Cuando fue al cielo y entró a las puertas del paraíso, lo hizo enojado porque Dios no lo había salvado. Entonces un ángel le replicó:

—Eres un ingrato porque te mandé a tres personas para salvarte y tú no quisiste recibir la ayuda. ¿Esperabas a Dios en persona? ¡Esas tres personas eran Dios!

ALEGRÍA Y ABUNDANCIA

Una persona espiritual tiene buen gusto: le gusta la música agradable y los perfumes dulces porque sabe que atraerán buenas vibraciones. Una persona espiritual es alegre, y la alegría es símbolo de abundar en salud, dinero y amor. La alegría aleja todos los males.

Hace mucho tiempo vi cómo se reunía un grupo de gente que practicaba la más antigua de las magias: Wicca. Para poder sacar lo malo de un espíritu, esos sacerdotes se reían. Cuando les pregunté qué era lo que estaban haciendo, me dijeron que para los maleficios no había mejor remedio que la risa.

Esto me hizo recordar un cuento que contaba un abuelito en un pueblo perdido en el Tíbet:

Una vez en China hubo una gran batalla entre dos grandes grupos. Uno de ellos estaba armado hasta los dientes y el otro no tenía una sola arma. Estos últimos sólo sabían practicar una especie de judo. Asimismo, ensayaban una respiración muy especial que al momento de exhalar producía un sonido similar al ja, ja, ja. *Esto fue la base del arte de respirar que con el tiempo se conoció como Chi Kung.*

Mientras sus rivales se acercaban, ellos gritaban: ja, ja, ja. *Al estar frente a frente, los enemigos disminuyeron la marcha para iniciar la pelea. Grande fue su sorpresa cuando escucharon que los otros gritaban* ja, ja, ja... *Creyeron que estaban riéndose. Al quedar todos sorprendidos, se relajaron y tiraron las armas creyendo que luego podrían levantarlas, pero*

ese momento nunca llegó porque los risueños los gol-
pearon por todos lados, ja, ja, ja.

———————

ENVIDIA Y PROSPERIDAD

La envidia es un sentimiento de admiración retorcido que sólo descalifica. Aquel que te envidia no sabe cómo hacer para quitarte adornos y ponerlos en su propia maleta. Pero sólo piensa... nadie se roba nada, todo va a donde tiene que ir. Así que siéntete feliz de ser envidiado pues es un indicio de que vas por buen camino.

Desde el plano cuántico, la envidia resta energía de prosperidad a quien la siente y, a la vez, el universo le irá cerrando puertas a esa persona.

Nada ganará el otro al envidiarte. Sólo frenará sus pasos, no frenará los tuyos. Tú no puedes dejar de hacer cosas que te hagan sentirte bien por miedo a la envidia de los demás. Quien envidia sale perjudicado, tiene un sentimiento de admiración mal canalizado. Recuerda que los envidiosos son personas inseguras y totalmente ingratas. Ellos se sienten incómodos al verte exitoso, porque les reflejas su fracaso. ¿Te imaginas qué pena sería que en vez de envidia te tuvieran lástima?

Esa envidia que recibes no te afecta si no cuentas tus proyectos. Pero una vez que esos proyectos se hagan visibles no le tengas miedo a ninguna envidia a tu alrededor. El universo se encargará de llevarse las malas influencias que generan estos sentimientos negativos.

EL PERFECTO ORDEN DEL UNIVERSO

Muchas veces lo que no vemos o no tocamos nos parece fantasioso. Si no puedes creer en la magia que existe en este mundo, entonces por favor compruébala. Verás que no es tan difícil cambiar tu vida y tus paradigmas. Aunque no lo creas, se puede vivir obteniendo todo lo que quieras; sólo necesitas un poco de orden.

Todo está debidamente organizado y puesto en perfecto orden para que la armonía universal festeje su sinfonía. Percibe tu cuerpo: en él ocurren seis trillones de reacciones por segundo. Los cambios corporales son constantes, todo parece estar dispuesto en una maquinaria inteligente. Sin embargo, como bien sabes, nada está exento del desequilibrio. En cuanto algo no se mueve como Dios manda, se produce un desorden que lleva al caos manifestado en algún tipo de enfermedad.

Reflexiona sobre los siguientes ejemplos en los que el desequilibrio tiene efectos perniciosos: cuando una persona no se mueve lo suficiente, cuando se hace floja, deja de tener orden en todos los sentidos de su vida, en su casa, familia, trabajo, etcétera. Repara en la gente que es desaliñada, no tiene orden para ponerse linda y es poco exitosa. La gente demasiado lenta es poco beneficiosa para un trabajo. Observa también cómo en las casas desordenadas nunca hay prosperidad. Caos y desidia es una peligrosa pareja que tenemos que evitar. El orden y la belleza los logra el movimiento. Un movimiento armónico y no caótico.

Estás creado para obtener todo lo que desees, pero nada vendrá solo. Tienes que creer. Debes tener la bondad de confiar en el valor de tus sueños. No intentes empujar el río, no vayas en contra de tu naturaleza, no pierdas tiempo. Piensa en cuántas cosas te estás perdiendo por no creer en las bendiciones y el poder del universo que es el poder infinito del movimiento. Mientras haya vida en algún plano de este universo, entonces habrá movimiento: el de la Tierra, el de la rotación de las galaxias, el de un bebé en un útero, etcétera. Cuando algo es estático, deja de vivir aquí y donde sea que esté.

Tercera parte

Tu trascendencia como alma

El poder del perdón

*La culpa y el resentimiento son cargas
pesadas que el perdón ayuda a aligerar
a través del amor.*

LA TRAMPA DE CULPAR
Y SENTIRSE CULPABLE

La culpa es parte del ser humano y muchas veces hace que una relación fracase al decir o hacer algo que no esperábamos. Una persona siente culpa cuando algo que estaba esperando no sale como hubiera querido, cuando cree que los resultados tendrían que haber sido de otro modo; en vez de enojarse se siente culpable. Las madres son las reinas de las culpas, porque, a pesar de todo el amor que les dan a sus hijos, siempre piensan que podrían haber hecho algo diferente para criarlos, para cuidarlos.

Uno va cargando con su mochila de culpas y piensa que no vale nada. Un hijo llena de culpas al padre por su fracaso, y un padre culpable es capaz de cualquier cosa, como darle todo sin límites a su hijo. Una madre que trabaja siente culpa por no tener tiempo para su hijo. Nosotros vamos con el dedo acusador echando culpas donde podamos.

La culpa sirve para remediar los sucesos y responsabilizarse de lo que sin querer o queriendo se ha hecho. Si esa culpa viniera de alguien que intentó hacer todo para salvar a su ser querido y esa persona que tanto amaba aun así murió, ¿qué hacer con esa culpa irremediable? La culpa del familiar que no se dio cuenta de que debía cambiar al enfermo de hospital o llevarlo antes a hacerse algún tipo de estudio. Esa culpa es parte del duelo. Quizá sea un sentimiento lógico, pero no es un sentimiento sano. Con él no se remedia nada: recuerda que en la vida se trata de remediar, no de hacer más hondas las heridas.

Muchas veces queremos tener todas las respuestas y cuando éstas no aparecen nos desesperamos y nos preguntamos por qué no pudimos con esto o con aquello. Sin embargo, nadie es culpable de las enfermedades, de accidentes o de muertes, porque podrías haber actuado por ignorancia pero no con mala fe, y nadie puede intervenir cuando el otro tiene que partir. El karma designa el día, la hora y la forma de muerte. Lo que está marcado no lo puede cambiar nada ni nadie, no se puede luchar en contra de la muerte.

También hay otras culpas, como la de no haber hablado en su momento. ¡Ésa es una culpa de verdad!, porque lo peor que puedes hacer es omitir. Pero si todo lo que podrías haber hecho ya pasó, no te puedes seguir culpando todo el tiempo, más vale capitalizar la experiencia para no volver a hacerlo.

La peor culpa es la de no hacer, la de mirar para otro lado, la de no hacerse responsable con todas las letras.

Si te culpas por comer de más, ¿a quién crees que estás culpando? ¿Quién está comiendo de más? El que está metiéndose el bocado a la boca eres ¡tú! Eres el único ser que

habita en ese cuerpo. Hazte responsable de tus actos, no mires hacia fuera. Mírate a ti.

Cuando vemos culpables en todos lados, nosotros también somos culpables porque hacemos juicios de los demás, hacemos lecturas de mente equivocadas sobre acciones ajenas.

La gente con baja autoestima anda cargando las culpas de medio mundo. ¿Por qué dejar que nuestra autoestima ande por el piso cuando se puede caminar con la autoestima alta y la conciencia tranquila, sin cargar con malos hábitos?

La mejor receta para estas cargas pesadas es hacerse cargo de las culpas y diluirlas con amor y responsabilidad. Dar la cara con quienes nos equivocamos y mandarles luz a quienes no les dimos en vida lo que les teníamos que dar. Volverse el propio juez, siendo un juez amoroso y contemplativo. Los jueces llenos de odio no sirven para solucionar ningún aspecto de la vida de nadie.

Formar hijos irresponsables es la peor culpa que puedes sentir: no darles valores ni buenos ejemplos. Cúlpate por mimarlos de más. Darles gusto sólo te llevará a hacer niños inseguros.

Culparte por haberte separado o ser madre soltera no te llevará a que tu hijo sea más feliz. Él será feliz sólo si tiene una madre feliz.

Unos padres responsables lograrán hijos que no tengan que andar pidiendo disculpas a cada rato. Porque si tú no miras por donde caminas, andarás pisando gente por el camino y pidiendo perdón en cada esquina.

Mirar al culpable y odiarlo tampoco te hará bien. La justicia divina hace su trabajo con los que están fuera de foco, con los que quieren mejorar y cambiar para dejar de cometer

errores. La justicia del universo los colocará en órbita, dándoles el poder de ver sus propias limitaciones para transformarlas en perdón a sí mismos y a los demás.

Si no culpas, te aligeras el camino.

Si tú perdonas, te liberas.

TRASCENDER EL DAÑO

Cuando perdonas, te perdonas a ti mismo y a la vez elevas la vibración de tu energía, liberas tu alma y aumentas tu calidad de vida. El perdón no es solamente un acto de amor, sino también de inteligencia. Siempre que quieras perdonar tienes que preguntarte si realmente quieres hacerlo, porque si no quieres no sentirás que puedes perdonar.

Muchas veces tenemos miedo de que al perdonar seamos vulnerables y nos vuelvan a herir como lo hicieron anteriormente. Otras veces no perdonamos porque creemos que no tiene sentido, y unas más queremos que nos perdonen pero no nos quieren perdonar. En esos casos no puedes hacer nada: si no quieren perdonarte es su problema; será la otra persona la que tendrá que ver cómo se enfrente con ese sentimiento rencoroso que sólo le afecta a ella. ¿Qué hacer con toda esa gente, presente o ausente, que nos ha herido, mentido, estafado; que nos hizo quedar mal y que nos hizo perder tiempo, lágrimas y dinero?

Hubo un tiempo en el que un señor con un traje negro y una galera se paraba en la puerta de la casa de algún deudor. El señor de la galera no hacía nada más que quedarse parado. Con eso bastaba para que todo el pueblo se enterara de que el habitante de ese lugar debía dinero o estafaba.

Quizá cuando alguien nos hace daño también estamos parados enfrente de su casa vestidos de negro con la galera puesta para que todos se enteren. Pero ten por seguro que al hombre de la galera tampoco lo querían los del pueblo.

Cuando tú hablas mal de alguien te salen bichos de la boca. Esto es sólo una metáfora, pero recuerdo que una vez una persona que estaba dirigiendo un grupo de alumnos vio cómo le salía una cucaracha de la boca a una mujer que hablaba mal de su exesposo. Claro que el animalito no era de verdad, sólo que quien dirigía el grupo dijo que tuvo esa visión.

Y aunque sea imaginación de quien lo contó, ocurre que esas cosas son reales, como una especie de energía: o salen de tu boca palabras de amor luminosas que podrán llenar de ángeles tu vida, o saldrán bichos que te lleven a la oscuridad de un corazón resentido y un cuerpo enfermo.

¿Hasta cuándo piensas que puedes seguir contando todo el daño que te hicieron? ¿Hasta cuándo vas a seguir hablando mal de aquél o de éste? ¿Crees que realmente ese proceder te podrá servir de algo?

En realidad hablar mal del otro para quitarle poder o hacerlo quedar mal no habla bien de nosotros. Cuando vemos gente criticona, pensamos que esa crítica la pueden hacer igualmente con nosotros. Cuando vemos gente despectiva y que se ríe de todos, tampoco nos hace mucha gracia estar a su lado.

Deja en paz a quienes te hirieron. Ya no les des vida, no les des poder trayéndolos al presente. El presente es maravilloso como para perderlo.

Todas las personas tenemos gente para meter en una bolsa como aquellos que nos hicieron daño, pero ¿para qué meterlos en una bolsa si los podemos meter en un globo de luz y dejarlos ir hacia la iluminación del universo?

Cuando tú le mandas luz a alguien estás modificando *tu* karma, no el del otro. Sin embargo, estarás llevando tranquilidad a la vida de quien te hirió. La verdad es que cuando los enemigos están contentos nunca molestan.

¡Si no sueltas, el enojo se va a llevar tu vida!

CERRAR HERIDAS

Una de las virtudes más importantes que tiene el ser humano es la capacidad de perdonar. A veces no queremos perdonar por miedo a que nos vean débiles, pero la flexibilidad es una de las características más importantes de la fortaleza. Que perdones no significa que olvides, porque si lo haces es probable que caigas en el mismo error. Puedes recordar pero sin que te duela, sin exponerte a la desesperación y con voluntad de aprender.

Las heridas se cierran cuando no se tocan ni se rascan, ni se les colocan ungüentos diversos; sólo sanan cuando las dejas en paz. Las cicatrices son reflejo de las experiencias pasadas; ellas dicen *aquí me corté, aquí me quemé*. Pero si la cicatriz duele significa que la herida no está bien cerrada, y si está mal curada corre el riesgo de que se abra y hasta se infecte.

Para que esto no pase presta atención a las situaciones de tu vida paso a paso: primero cierra la herida y luego lleva con orgullo la cicatriz de la experiencia vivida. Errar es humano y perdonar es totalmente divino.

SANAR LA INFANCIA

En la niñez quedan marcadas con fuego todas las experiencias que determinarán tu personalidad. Así es como te fuiste convirtiendo en lo que hoy eres. Crees ser todo lo que tu mamá, papá, familia, maestros y culturas te han dejado como legado.

Son los primeros seis años de vida los que marcaron tu futuro. El niño es una esponja que absorbe cada palabra, cada situación que vive. Así es como algunos quedamos teñidos de verde esperanza, otros de azul profundo y otros de un funesto negro. ¿Qué harás si ya tienes más de seis años, quedaste pintado y no precisamente de los colores del arcoíris? ¿Culparás a tus padres? Es probable que puedas hacerlo, sólo que si ellos ya no están con vida entonces tendrías que ir al cementerio y no creo que desde ahí puedan pedirte perdón, si es que ésta fuera su voluntad.

Si están vivos ya deben ser grandes, y si vas a hacerles algún reclamo por tus traumas, podrían quedar resentidos y dolidos por los sufrimientos que causaron en tus primeros años de vida. Ese daño no necesariamente estuvo fundado en malas intenciones. Correrás el riesgo de que, en el momento de echarles en cara tus resentimientos, tengan un problema de presión y enfermen. Entonces no solamente quedarías traumatizado por lo que te hicieron en la infancia, sino que sentirías una gran culpa.

Podrías ir a terapia, eso es bueno, sólo que si tienes más de cuarenta años y vas a contar toda tu historia de víctima, entonces estarás pagando un buen dinero y tal vez podrías perdonarlos cuando cumplas sesenta; si tienes una vida mediana te quedarán sólo veinte años para vivir en paz. Así que, por *economía mental*, olvídate de opciones que no te lleven a soluciones prácticas.

Replantea tus dudas. ¿Adónde vas? No hay nada más maravilloso que curarse a sí mismo, sanar... ¡sanar sin culpar!, porque no hay forma de que cambies tu pasado, aunque sí su interpretación. Si estuviste pintado del color que no te gustaba, entonces date una nueva mano de pintura: que esta vez sea del color que tú elijas. Para ello realizarás un profundo viaje interior. Te propongo un ejercicio para el que necesitarás tiempo y energía, pero sobre todo mucha sinceridad. Disfrútalo.

EJERCICIO PARA VOLVER A PINTARTE

Vete al pasado: imagina cómo eras de pequeño. Imagina que cada dolor que causaron en tu vida fue una mano de pintura que no te gustaba, una pincelada de malos tratos y traumas y, aunque te cause dolor y llores, anímate a revivirlo.

Ahora que el dolor sigue estando en carne viva, imagínate una gran tina de agua limpia y llena de amor, de bondad y compasión. Sumérgete y quítate todo ese color. Imagina el agua teñida hasta que no quede ningún color en tu cuerpo. Ahora que eres adulto, ¿hubo alguien que quiso pintar tu alma de algún color que no quisiste? Si es así, entonces también quítalo. Pide a tus antepasados que te ayuden con su amor y su energía.

Sal de la tina y mira el agua: ¿de qué color quedó? Quítale el tapón y despídete para siempre de lo que te hicieron. De nada sirve llorar penas pasadas: nadie se preocupa de lo que ya solucionó.

PERDONAR... ¡CUALQUIER SITUACIÓN!

El perdón más grande que puede haber en la faz de la Tierra es el de los hijos con las propias violaciones sexuales producidas por sus padres biológicos. Es increíble pensar que un padre puede hacer algo así con su hijo, pero qué hijo maravilloso o qué alma luminosa pudo haber elegido ese padre para que ese hijo tenga el corazón tan grande como para perdonarlo y, aunque no le haya sido fácil hacerlo, ¡lo perdona de verdad!

Una violación destruye al niño interior que cada uno lleva dentro, pero ese niño resucita cuando perdona y, si puede perdonar semejante aberración, ¡se puede perdonar cualquier cosa!

La vida es una caja de sorpresas y también una selva donde se salva quien puede. Algunos se salvan corriendo; otros cuidando su presa; otros estando juntitos en manada; y los más salvajes comiéndose a los indefensos. Nadie se escapa a este tipo de selva, pero la selva es atrapante y fascinante. Llena de paisajes y de diferencias, la selva es y seguirá siendo maravillosa. Y tú, ¿qué tipo de animal eres? ¿Cómo te cuidas, cómo te defiendes? ¿Cómo haces para sobrevivir sin molestar a los animales de la selva? Tus animales son los enojos, los rencores, lo que callas y lo que no callas para sobrevivir. Mejor dicho, para vivir, ¡tienes que ser el rey de la selva! El rey perdona y da lo mejor de sí. Por eso es el rey.

Y si no puedes perdonar... comienza por hacer el siguiente ejercicio y te sentirás liviano como un pájaro.

EJERCICIO PARA PERDONAR

Relájate, busca una música suave que te agrade. Respira profundo y lleva las manos a tu corazón. Busca la persona a la que no puedes perdonar, o la situación que pasaste y no perdonaste. Tráela a tu mente una vez más. Imagina todo lo que te sucedió en aquel momento difícil. Presta atención a los colores que aparecen en la visualización que estás realizando. Presta atención a los sonidos o voces que puedes llegar a recordar y sobre todo a las sensaciones.

Ahora imagina que estás en un teatro y aparece la persona que te hizo daño. Tú la ves como espectadora y le gritas todo lo que piensas. Luego le tiras con toda la artillería que tienes. ¿Eso te hará feliz? ¿Cambiará algo en tu vida? Seguramente no. Ahora imagina que estás viendo una película con todo lo feo que le podría suceder a esa persona. ¿Te hace más feliz imaginar eso? Claro que no. Entonces imagina que esa persona se hace niño o niña y luego piensa qué pudo haber pasado por la vida de esa persona para que desde su mapa haya actuado como lo hizo contigo.

Ahora imagina que esa persona se hace bebé y tómalo entre tus brazos, acúnalo, dale tu compasión. Entrégale ese bebé a Dios. Respira amor y suelta amor. Respira paz y suelta paz. Deja fluir las emociones que aparezcan. Un gran amor te estará iluminando.

Respira profundo y abre tus ojos. ¿Cómo te sientes?

Al perdonar se sueltan todas las energías negativas que se llevan encima. Cuando perdonas, tus antepasados también te acompañan. Estén donde estén, se llenan de orgullo de tu actitud compasiva.

El proceso natural de morir y renacer

*La vida es un ciclo continuo de pérdidas
y ganancias, de muertes y renacimientos.
Nada se pierde, todo se transforma.*

PÉRDIDAS, GANANCIAS Y DESAPEGO

*La vida sólo puede comprenderse mirando hacia atrás,
mas sólo puede vivirse mirando para adelante.*
Søren Kierkegaard

Todos los ciclos de la vida presentan pérdidas y ganancias. Los duelos se viven desde que una persona nace: se pierde el cordón, el agua calientita de la mamá y el sonido del latir de su corazón. A cambio se gana estar afuera, en la vida, de un modo más independiente a medida que se crece.

Se pierde el pecho de la mamá cuando se tienen dos años. El primer diente que se cae; el primer amor que se pierde. Pero para perder se tuvo que haber ganado antes. Nadie pierde lo que nunca tuvo.

Los matrimonios sufren muchas pérdidas, pero lo peor que les puede pasar es no reconocer que en determinado momento ganaron algo al estar juntos. Imagina qué pasaría si un grupo de deportistas no aceptara la primera derrota: se retirarían del campeonato y nunca llegarían a saber qué se siente llegar a una final.

Muchas veces una pérdida cambia toda una vida, y la persona que se queda con el duelo tiene que reacomodar radicalmente su existencia, pero esto no siempre es tan fácil. Algunas personas son tan apegadas a lo que conocen que ante el primer cambio bajan los brazos y se quedan adheridas a los recuerdos del pasado. La vida sigue su curso, te aferres o no.

¿Cómo saber desapegarse cuando alguien se nos va sin pedir permiso? En el transcurso de la vida, muchos de nuestros seres queridos nos abandonan inesperadamente: amores inconclusos, muertes sin aviso. Para que no le temas al duelo tienes que trabajar el desapego, sólo así podrás aprender algo de esa experiencia de dolor. Desapegarse no es ser indiferente e impasible, alejarse del otro o dejarlo únicamente para no cuidarlo. Es respetar las decisiones de cada persona, ya sea para hacer algo en esta vida o para irse del modo en que ellos eligieron hacerlo antes de nacer.

Es difícil entender que no se puede tener todo lo que uno quiere. Si pudieras mirar hacia atrás sin adhesión y darte cuenta de que cada situación que viviste la disfrutaste al máximo, que cada persona que apareció en tu vida la recibiste con los brazos abiertos, entonces podrías conocer todo lo bueno que has hecho en tu camino hasta el día de hoy y sentirte satisfecho. Podrías capitalizar el poder del amor ante la gente, ante las circunstancias y ante la vida misma.

¡Desapégate de todo! Cuando te vayas de esta vida no te llevarás nada material, pero esto no significa que tires por la ventana todo tu esfuerzo. Lo que el universo te pide es que no te aferres a nada ni a nadie. No tienes nada, sólo te tienes a ti mismo.

De nada sirve quejarse. Puedes seguir lastimándote recordando el viejo amor perdido, la hermosa casa que tenías o el cuerpo firme y saludable que te hacía sentirte feliz en la juventud. Puedes llenarte de rencor por ver a las personas que todavía están jóvenes con un cuerpo sano y musculoso. ¡No lo olvides, debes desapegarte para ser feliz! No se trata de soltarse físicamente sino espiritualmente, desde el corazón y la mente. Desapegarse no significa desentenderse de los otros; es no molestarlos con nuestras necesidades. Si sigues empecinado en enojarte con las leyes del universo, entonces ¡bienvenido a la tierra de los pobres! Es pobre de espíritu quien no cree en su propio potencial para hacer las cosas y que siempre lleva exceso de equipaje.

Suelta tu pasado, tus amados lazos, el miedo y las dudas, la culpa y los reproches. Aflójate y suelta. Si te cuesta soltar resentimientos y enojos, entonces realiza esta armonización.

EJERCICIO PARA LIBERARTE DE APEGOS

Respira profundo, cierra tus ojos, busca una posición cómoda y empieza a imaginar que estás sentado en la playa. En esa playa puedes sentir la temperatura del lugar, las olas del mar y el sol pegándote en la cara. Puedes tocar la arena y sentir su calor y la textura de los granitos en la palma de tu mano.

Luego imagina que tienes a los lados dos vasijas de igual tamaño pero de diferente color. La del lado izquierdo está repleta de piedras y la otra está vacía.

Toma una piedra y colócala entre tus manos. Piensa en la primera cosa de la que te cueste desapegarte; también puede ser una persona o un sentimiento. Piensa en esa situación e imagina que la piedra se transforma en un color. Luego siente su peso, su temperatura y su textura. Tócala, pésala y luego tírala en la vasija vacía.

Toma una segunda piedra y piensa en tu segundo apego. Piensa en qué sientes, cómo lo sientes, en qué lugar del cuerpo lo sientes y traslada esa sensación o situación a la piedra. Siente nuevamente su peso, su temperatura y su textura. Luego tírala en la vasija que ahora tiene una piedra. Tírala con fuerza. Haz lo mismo con la que sigue y así hasta que termines.

Respira profundo entre piedra y piedra. Luego arrastra la vasija que has llenado hasta la orilla del mar. Di: "Suelto lo que me pesa...". Repítelo tres veces. Tira las piedras con todo y vasija. Mírala cómo se hunde.

Imagina un color violeta como un rayo de luz que sale de ese lugar donde se hundió lo que acabas de tirar y siéntete más liviano. Empieza a nadar, siéntete libre, en paz y en armonía. Luego nada un rato para terminar de relajarte. Vuelve a tu lugar y respira profundo. Vuelve a tomar contacto con tu asiento y abre tus ojos. Muchas cosas cambiarán a partir de este momento. ❁

MUERTE Y ESPERANZA

Don Juan, el chamán yaqui protagonista de la obra de Carlos Castaneda, decía que cada persona tiene dos seres detrás. Uno es la figura de la muerte y está ubicado del lado izquierdo. Sólo con estirar un brazo, sin darte cuenta, te toca, esperando el mínimo descuido para poder apoderarse de tu trabajo en la vida. A la derecha, casi tocando el omóplato, está situada la figura de la esperanza, una energía de color verde que deja ver tus ganas de vivir y te ayuda a alcanzar tus propósitos.

Estas dos fuerzas pelean inconscientemente como si fuera un espectáculo de lucha libre. Lucha la muerte cuando quiere que abandones un sueño, cuando quiere que hagas un cambio sin motivación, cuando pretende que dejes que las cosas se hagan al modo en que ella quiere que se hagan.

La esperanza pelea con la muerte poderosamente para ganar espacio en tu inconsciente. Gana la esperanza cuando la fe es su fiel compañera y amiga. La muerte se hace amiga de la esperanza cuando una persona valora cada minuto de vida feliz. Entonces entre ambas forman buen equipo, negocian y se hacen libres.

Cuando sabes que vas a dejar de existir, cuidas hasta el más mínimo detalle. Mientras, le pides a la esperanza que exista como escudo de protección ante cada obstáculo que se te presente.

Lo último que se pierde es la esperanza. Así nos lo recuerda la mitología griega con Pandora, quien no pudo resistir abrir aquella caja de la que liberó miles de desventuras, pudiéndola cerrar justo antes de que se escapara la esperanza, lo último que queda. La esperanza lo es todo.

QUIEN BIEN VIVE, BIEN MUERE

Uno de los momentos más difíciles de la vida es cuando nos toca irnos. ¡Qué complicado es soltar las amarras a las que estuvimos atados desde que tuvimos uso de razón! La muerte no debería ser tan cruel ni tan egoísta como para hacer las cosas a su modo.

¿Te imaginas si nos dieran la posibilidad de irnos de diferentes formas, si nos dieran el tiempo necesario para despedirnos? Imagina que viene un ser espiritual a buscarte y al aparecerse te dice que puedes elegir cinco modos diferentes de irte de este mundo.

Primera opción. El primer modo de irte sería que la bella amiga de los dioses te venga a buscar con cuerpo de persona y te invite a alejarte de tu casa como dando un paseo. Imagina cómo verías tu casa distanciándote de ella. ¿Qué dejarías dentro y qué llevarías?

Es posible que quisieras ver por última vez a tus seres queridos aunque sea para abrazarlos en los últimos momentos. ¿A quién llamarías y cuál sería tu última cena? ¿A quién le dirías todo lo que antes no te animaste a decir quién sabe por qué?

Sabes que todo te será perdonado, porque lo mejor es que puedas estar en paz. ¿A cuántas personas les dirías lo ruines que fueron contigo aunque luego les mandes una bendición? Imagina qué harías.

Segunda opción. Puedes elegir que te hagan una fiesta de despedida y luego venga a buscarte un astronauta para llevarte en un cohete al cielo. Puedes llevar a todos los que quieras

porque luego los regresarían. ¿A quién invitarías a subir? ¿A quién le darías el lugar de invitado de honor para que fuera a tu lado? Difícil elección. ¿Sabes por qué? Porque nadie quiere soltar nada, y menos la vida. Si quieres tanto la vida, ¿por qué no la cuidas un poco más?

Tercera opción. Estás en la última fiesta de tu vida y tienes treinta y tres velas, las cuales quedarán como recuerdo para quienes se queden en este plano. Debes darlas a quienes aportaron algo a tu vida. ¿Quiénes serían y por qué? Después tendrías que regalar un souvenir como recuerdo tuyo. ¿A quién elegirías y qué le darías?

Cuarta opción. Imagina que te sacan de tu casa. Tú te despides después de dejar en orden la vida de todos los que puedes. Te llevan en auto a un desierto para que, mientras conoces el lugar, puedas hacer un balance de todo lo que has vivido. Entonces comienzas a revivir diversas experiencias. ¿Qué tramo de tu vida quisieras repetir una y otra vez y qué otro tramo dejarías enterrado debajo de la arena?

Quinta opción. Ahora imagina que nadie te da la oportunidad de despedirte y que el momento final está llegando. ¿En qué situación te encontrarías? ¿Qué cosas inconclusas estarías dejando para tu familia? ¿Qué ganarías al irte de este modo? ¿Qué cosas tendrías que modificar para que esto no te suceda?

No es tan difícil ordenar la vida cuando uno se da cuenta de su finitud. Por eso no dudes en armar tu testimonio de muerte para que puedas tener un buen testimonio de vida.

TODOS SABEMOS CUÁNDO
ES HORA DE PARTIR

Todas las personas que venimos a este mundo lo hemos elegido desde otros planos: el día del nacimiento, nuestros padres, el modo de partida, etcétera. Al crecer, nadie puede recordar nada de las otras vidas, pero somos totalmente intuitivos y nuestro espíritu siempre va a extrañar estar en el cielo. Cuando llega el momento de partir, un tiempo antes, las personas se preparan desde el inconsciente. En ese espacio se dicen a sí mismas: "El día en que yo me muera será en tal lugar y de tal forma". Entonces eso sucede. Las personas dejan señales, dejan cartas, hacen testamentos o se despiden de un modo diferente al habitual.

Tal vez haya personas que al leer estas líneas piensen que a ellos les queda poco tiempo porque temen morirse o porque no se ven en un futuro siendo viejos. Esa percepción no es válida. Ésas no son señales de que te vas a morir. Eso es miedo o quizás hasta puede ser que quieras ser previsor.

La muerte no se presiente de modo consciente. Cuando alguien se va a ir en verdad, entonces dice adiós de una forma peculiar, o escribe una carta o hace algo sin pensar absolutamente nada. No pensar en que una despedida es definitiva es un acto de despedida real.

QUIENES YA NO ESTÁN

Las personas que se han ido de este mundo seguirán estando presentes en forma de espíritus, de energía, de manifestaciones divinas. Aunque no las veamos, siempre estarán a nuestro lado; ninguna de ellas se va por completo de nuestra vida. Nos abrazan, nos apoyan en nuestras decisiones y se convierten en ángeles protectores hasta que llegue nuestro turno de partir. Ellos no pueden hablar como nosotros ni hacerse visibles como nos gustaría, pero el que no los veas no significa que no estén presentes.

Nos apegamos tanto a todo lo conocido que cuando sucede algo distinto nos cuesta demasiado aceptar el cambio. Nos cuesta pensar que un ser querido ya no tiene el cuerpo con el que lo conocimos, que ya no tiene la misma voz con la que lo escuchábamos hablar porque ahora es un espíritu. Debemos entender que no todo es igual cuando se traspasa al otro plano. Sin embargo, hay una esencia que sigue siendo la misma, que conserva todas sus cualidades. Una persona que hoy es espíritu sigue sintiendo igual que antes, aunque ahora aflora plenamente su parte amorosa porque en el cielo se vuelve perfecta.

Cuando alguien puede comunicarse con un espíritu, a través de un médium, regresiones o terapias de transcomunicación mediante grabadoras, recibe una respuesta amorosa, con palabras suaves y sencillas. Los espíritus nunca se quejan del lugar en donde están. Tampoco hacen comentarios acerca de lo importante que es irse con tal o cual cosa de esta vida. Sólo dicen que lo que uno haga en la Tierra será lo que valdrá en el cielo, y que lo que demos será lo que recibiremos como recompensa.

Los espíritus de luz no pueden bajar de planos para convertirse en espíritus oscuros; por nada del mundo dejarían de estar en la gloria de Dios. Si los lloramos perpetuamente, entonces no podrán consolarnos como nos gustaría. Ellos quieren decirte al oído: "¡Estoy bien, estoy bien, estoy bien!".

Algunas personas no sólo lloran por ignorar cómo está un ser querido que se ha convertido en espíritu, sino por el dolor de la partida. Pero si permanecen apegados porque el plan divino se llevó a alguien especial, entonces pierden su propia vida, dejan de disfrutar de los que permanecen, que también los quieren y se preocupan.

Quienes se nos van antes de tiempo seguirán teniendo el fuego que tenían cuando estaban vivos. Ese fuego es el espíritu que vive en ellos. El fuego del espíritu con el que transitan los seres que se fueron es la luz con la que alumbran las estrellas.

Todos los recuerdos que ellos vivieron en este plano, sus emociones y todo su amor, es la luz de ese fuego que ilumina. En ese fuego quedan los abrazos que les diste y los consejos que les brindaste. Ellos van orgullosos con su fuego alumbrando y encendiendo a los que perdieron la fe o a quienes los lloran y sufren por su ausencia.

No te atormentes: nada se pierde, todo se transforma. Los fuegos que quedamos en este mundo y los que nos iluminan desde otros planos nos dan razones para no lamentarnos. No podemos decir que no sabemos cómo vivir mejor: confía en la llegada de la luz, nadie vive en oscuridad perpetua.

EJERCICIO PARA SENTIR A QUIENES YA NO ESTÁN

Imagina que vas a un bosque de árboles frondosos y con mucho verde. Ahí te sentarás y con mucha tranquilidad realizarás unas cuantas respiraciones profundas, las cuales te ayudarán a que aflojes aún más las tensiones.

Después caminarás para juntar algunas ramas que están tiradas en el suelo, luego las colocarás en forma de cono para hacer una gran fogata. En cuanto las enciendas, visualiza que eres fuego y como fuego te mueves, flameas y eres libre. Siente el calor del fuego y, con ese aire caliente, quédate en paz. Siente que eres amor y cómo éste impregna cada célula de tu cuerpo y toda tu alma.

Repentinamente aparece una pregunta: ¿adónde va el fuego del amor cuando alguien a quien amamos nos abandona sin decirnos adiós? Siente cómo ese amor que le tuviste estando esa persona en vida también está ahora junto al fuego. Disfruta este encuentro.

La auténtica liberación

Sí es posible una vida íntegra en la que gocemos de paz y felicidad. Además de nuestra propia fuerza interior, contamos con la asistencia de Dios y de los ángeles.

LA VERDAD EN TU VIDA

Ser responsable implica verificar cada tanto cuánto es lo cierto que hay en nuestra vida. Verificar no significa ir a revolver los cajones de la mesa de noche de tu pareja. Verificar es darte un tiempo para ver si el trabajo que tienes es el que realmente quieres tener, si tu pareja es la pareja que quieres tener, si estás educando bien a tus hijos o si necesitas alguna ayuda extra para mejorar las cosas.

Verificar duele y el dolor no le gusta a nadie, pero no hay forma de escaparse de la ley del karma. Estés donde estés, hagas lo que hagas, vayas donde vayas, el karma seguirá. Si quisieras situarte en la verdad, tendrías que saber que tu karma no va a ser fácil en los próximos minutos. Ser responsable duele, pero ese dolor luego se traduce en el placer de obtener paz. Ten en cuenta que la paz siempre es duradera. Todo se paga en esta vida, hasta las cuentas más caras.

Quienes están en la sombra no tienen paz interna ni amor verdadero. Muy en el fondo de su alma saben que no están haciendo bien las cosas, aunque no lo reconozcan delante de ti. Hasta el ser más malvado deja huellas para que lo encuentren y lo castiguen. Muy en el fondo de su ser sabe que necesita que la verdad salga a la luz para quedarse en paz con su conciencia. Por eso sería bueno que pidieras la luz para toda esa parte de la humanidad que perdió su camino.

Cuando te haces responsable tienes que aguantar las ganas de salir corriendo de tu propia vida porque no es fácil hacerse cargo de uno mismo. A veces hay que hacer un esfuerzo adicional para no perder la fe. Este esfuerzo cuesta, y ¡vaya que cuesta! Cuando empiezas a contemplar lo que tienes que cambiar sientes un gran desasosiego. No es cómodo reponer energía desde aquella parte de la realidad que no queremos ver y que muchas veces constituye nuestras historias de vida.

Cuando enfrentas lo que tienes que enfrentar te haces libre. La verdad siempre te hará libre. Todos pueden salir corriendo de cualquier situación, pero nadie puede salir corriendo de sí mismo. Cada uno sabe la verdad de las cosas, y esa verdad es la historia que cada persona se lleva a la tumba.

Ni las personas que hicieron grandes daños y no se arrepintieron en este mundo quisieran regresar a esta vida para volver a mentir. Sólo cambia su karma quien sabe arrepentirse, pero arrepentirse no significa simplemente sentirse culpable, porque la culpa no existe en el cielo. La culpa es parte del boicot que una persona se hace cuando quiere crecer.

La naturaleza no permite errores. Esto quiere decir que todo queda marcado en el universo, pero siempre hay un espacio para la compasión y la reconciliación. Arrepentirse es observar detenidamente cómo se encuentra el corazón. Es pedir perdón y nunca más volver a cometer el mismo error. El verdadero arrepentimiento hace que el corazón se inunde de amor genuino e infinito.

LA FUERZA DE DIOS EN EL MOMENTO PRESENTE

Es muy difícil hablar de espiritualidad en términos científicos, como podrían exigirlo algunos. No hay un lugar en la mente que podamos señalar donde acontezca la fe. Tampoco un lugar en el corazón donde se vea cuál es la arteria que tiene el amor que transmitimos a todos los que conocemos. No existe un análisis de sangre en el que se muestre dónde se aloja la esperanza.

No sólo lo que puedes percibir con los sentidos existe. No puedes ver las moléculas o los átomos y, sin embargo, existen. Estamos hechos de esas partículas. No puedes ver el éter y, sin embargo, existe.

Puedes comprobar la existencia de lo que no ves por medio de lo que se materializa en este plano. No puedes ver a los espíritus, la energía, los maestros espirituales o los ángeles, pero puedes saber de su existencia en cada una de las acciones de tu vida.

Podrás comprobar, manifestar y adquirir la fuerza infinita de Dios siempre y cuando te encuentres abierto a sentirla y disfrutarla. Desgraciadamente no toda la gente tiene la capacidad de intuir ni de sentir esa fuerza. Muchas veces vivimos deprisa sin saber adónde vamos. Los apuros inesperados y adquiridos se hacen parte de nuestros hábitos cotidianos. Vivimos por inercia, comemos sin estar presentes, hacemos las cosas sin estar atentos a lo que deberíamos estar.

Estar presente es estar en el aquí y ahora todo el tiempo. Estar presente es poner atención a cada situación que te toque vivir, a cada ser humano que te interese, a cada respiración que hagas, a cada tono de voz de quien te habla.

Estar atento sirve para vivir sin tensiones. Cuando te pierdes en tus diálogos internos y tu estribillo resuena en tu mente constantemente, no le prestas atención al entorno, a tu vida misma. El entorno es tu familia, tu pareja, tu trabajo, tu misión.

Nadie puede vivir fuera de su entorno. Para poder prestarle atención debes dejar tus pensamientos y abrirte a un nuevo diálogo. Cada día pregúntate: ¿hoy a qué le presté atención?

¿Comiste prestando atención a los alimentos, a lo que te pedía el cuerpo, a tu masticación? ¿Prestaste atención al tono de voz con el que te habló tu amigo? ¿Prestaste atención al dinero que gastaste? ¿Prestaste atención a lo que necesitas arreglar de tu vida, de tu casa, de tu trabajo, o sólo hiciste las cosas que tenías que hacer y todo lo realizaste de forma autómata y por inercia?

EL DESTINO DEL SER HUMANO EN LA ERA TECNOLÓGICA

La era de las comunicaciones demanda energía y nos absorbe en exceso. La tecnología determina contundente y preocupantemente nuestro modo de ser. ¿Te has puesto a pensar cómo sería tu vida sin móvil o sin internet? Es difícil imaginarlo, ¿no? Es más fácil imaginar que puedas vivir sin una pierna a que puedas vivir sin teléfono móvil. El móvil se ha convertido en una parte imprescindible de nuestro cuerpo, en una especie de prótesis vital. Con el tiempo será difícil imaginar vivir sin laptop, iPod o cualquiera de esos artefactos que hace tan sólo unos años pertenecían al reino de la ficción.

Toda esta tecnología tan maravillosa pone el mundo a nuestros pies en segundos, pero también lo pone encima de nosotros. Cuando el móvil suena a la mitad de una cena, una charla con tu hijo o una declaración de amor, quisieras tirarlo al piso y estrellarlo sin remordimientos.

Quiero que pienses bien estas preguntas: ¿de verdad estás comunicado o estás totalmente absorbido por el mar de comunicaciones voraces del siglo XXI? ¿Qué pasa cuando no contestas el teléfono o no contestas un correo electrónico porque no tuviste tiempo? ¿Por qué te enojas cuando te preguntan alteradamente dónde te has metido? ¿Cómo puede ser que no tengas cinco minutos para que le contestes a todos los que te reclaman?

Nosotros mismos, consciente o inconscientemente, nos ponemos en un lugar de demanda y, aceptémoslo, también somos demandantes con los demás. Es la época de la exigencia de disponibilidad absoluta. Pero ¿realmente es tan importante estar comunicados o lo que necesitamos es simplemente que nos presten atención? Sin duda todas las tecnologías de comunicaciones, armas de doble filo, pueden llegar a ser instrumentos de reconocimiento. Si lo piensas bien, te darás cuenta de que todas las personas tenemos la necesidad de estar en contacto con el otro, de sentirnos reconocidos.

Somos seres que deseamos ser atendidos, amados y tomados en consideración.

¿Cómo funcionan los mecanismos de reconocimiento? Solemos tener dos emociones básicas: la del amor y la del temor. Si no llamas la atención desde tu parte más amorosa, la llamarás desde el enojo, desde la pena y desde la ira.

Cuando una persona nace necesita que le presten atención urgentemente, casi al tomar el primer respiro de esta vida maravillosa. Con el tiempo, a medida que el niño va creciendo, también buscará ser necesitado. Pero si nadie lo toma en cuenta, generará una fuerte protesta y hallará el modo opuesto al amor para generar la atención debida.

Querer llamar la atención generará violencia de todos modos. Porque si no te necesitan y no llamas la atención desde el amor, la caridad o la pena, lo harás desde el miedo y generarás miedo para la sociedad.

La humanidad es capaz de hacer cualquier cosa con tal de no quedar en el olvido.

EL CÓDIGO DE LA FELICIDAD

Dicen que la felicidad es el estado natural del hombre. Pero ¿se podrá ser feliz todo el tiempo? Si toda la felicidad dependiera de lo que te sucede, de las circunstancias externas, entonces sería imposible alcanzarla porque no siempre suceden cosas acertadas o deseables. Si la felicidad viniera de lo que piensas, ¡válgame Dios!, peor aún. Y si la felicidad viniera del corazón, puede que te sientas bien temporalmente, pero es muy probable que algún sentimiento de enojo aparezca repentinamente y dejes de sentirte feliz.

La felicidad también se origina en tus reacciones, pero ¿crees que puedas responder con una reacción feliz todo el tiempo? Aunque quieras responder con felicidad a una injusticia, no sería fácil, ¿o crees que sí? Claro que no. Un momento de enojo, un momento de impotencia, no puede provocar una reacción de felicidad. Desde estas perspectivas la felicidad perdería su encanto y se convertiría tan sólo en un mito que se hizo como un Dios.

Deseamos frenéticamente tener felicidad, pero ¿sabemos realmente qué significa eso? Si no eres feliz todo el tiempo, ¿entonces qué eres? Para la sociedad eres simplemente un pobre ser humano. Sin embargo, esto no es así, no eres feliz siempre porque eres un ser normal que se altera cuando algo no sale como lo esperaba. Si no sabes lo que es un fracaso, i¿cómo vas a saber qué es la felicidad?!

Nuestra época, de numerosos avances científicos y tecnológicos, se ha caracterizado por un gran despertar espiritual. Esto ha determinado un auge de libros espirituales y de autoayuda. En ellos encuentro algo muy inquietante: todos hablan de cómo ser felices como una meta de vida absoluta; de cómo ser abundantes y amorosos bajo el supuesto de que eso hará que todo el mundo se sienta bien siempre. Pero ¿crees que se pueda estar todo el tiempo en la cresta de la ola? ¡Claro que no! Eso es sólo una utopía.

La vida tiene sinsabores inesperados y desagradables. Aunque no seas feliz todo el tiempo, puedes ser capaz de entender que todo pasa y que al final todo estará bien. Si todavía las cosas no están como quieres es porque no han cumplido su ciclo. La felicidad puede venir por momentos como una bocanada de aire puro, pero no pretendas que siempre puedas sentirte feliz.

Quizá no siempre la felicidad se presente como un estado de euforia; también puede llegar como un estado de paz. Comprender sus diferentes matices y manifestaciones es aproximarse al código de la felicidad. Y cuando entiendas que ésta no depende de la admiración ni del reconocimiento de los que te rodean, sino que es una actitud plena ante la vida, entonces perdurará en ti.

¿QUÉ ES VIVIR EN PAZ?

Estar en paz es aceptar lo que te toca vivir con dignidad. Estar en paz es no conformarse con las migajas de la vida ni desesperarse por ir al gran banquete. Estar en paz es abrir puertas con amor y no dar portazos a lo loco. Estar en paz es atravesar la montaña con paciencia y alegría, sin desesperarse en los momentos de cansancio y sin perder la fe en los momentos de impaciencia.

Puedes alcanzar la paz cuando dejas de estar en contra de la vida, de las circunstancias, del destino. Mantener un estado de paz en momentos de alegría y de bienestar puede ser fácil; parece que nada te puede quitar la plenitud que sientes en esos momentos. Sin embargo, es muy diferente cuando te encuentras en un problema. ¿Cómo puedes tener paz ante una pérdida, por ejemplo, después de quedarte sin trabajo o después de un fracaso? La fuerza del amor tiene que ser mayor que la guerra interior o exterior que se libra en momentos de crisis.

Cuando las personas se vuelven mayores y han tenido una cantidad considerable de experiencias, adquieren un estado de profunda calma, saben que les falta poco tiempo para marcharse de este mundo. Entonces dejan de preocuparse. A veces te pueden parecer fríos, pero no lo son; simplemente han aprendido a disociarse de todo lo negativo y a asociarse con todo lo positivo que les ha tocado vivir. Cuando la gente pasa por situaciones extremas, como estar al borde de la muerte, se vuelven sabias y se deshacen de rencores. Además ven las cosas desde distintos ángulos y con diferentes matices, lo que los hace muy flexibles. En pocas palabras, toman las cosas como vienen: eso es estar en paz.

Que nada te altere ni perturbe, que todo lo que venga no altere tu paz. Esto no significa que seas indiferente ante lo malo, que dejes pasar por alto situaciones que no te gusten. La naturaleza de la paz sólo te pide que te vuelvas comprensivo y tolerante para poder resolver cada situación con éxito. No vale la pena que te alteres. Todas las piezas del rompecabezas de la historia se acomodan a su debido tiempo.

Te recomiendo que realices la siguiente visualización cuando sientas que estás perdiendo tu paz.

EJERCICIO PARA AFIANZAR TU PAZ

Imagina que tienes una ventana grande con marcos blancos de madera. Cuando abres la ventana, del otro lado puedes ver un paisaje y de ese lugar tan maravilloso vendrán los colores de la paz. Mira por tu ventana: ¿qué ves?

Puedes pensar en cuánto tiempo crees que tienes de vida y, si no lo puedes hacer, imagina que sabes con seguridad que vivirás mucho tiempo.

¿No te resulta fácil, verdad?

Mira a través de tu ventana. Imagina cómo las experiencias futuras las ves desfilar y cómo todo lo que tanto te preocupaba se resolvió en las imágenes que ves pasar. Lleva a la ventana todas tus partes: al que se enoja, al que se entristece, al que sufre. Coloca todas tus partes enfrente de la ventana y no importa que se junten; haz una ventana más grande pero no dejes a ninguna de tus partes afuera.

Cada vez que veas una parte de ellas pasar por la ventana, tú dale las gracias por estar en tu vida. Luego coloca la ventana en medio del corazón y deja que entren nuevamente en él tus partes, pero esta vez en paz y armonía. Deja que entren todas y no quede ninguna afuera.

Toma aire de paz, aire fresco, coloca a tu ser sufriente. Porque cada vez que necesites estar en paz, sólo te bastará con dejar de sufrir inútilmente. Deja que todas tus partes tomen paz, tomen amor, tomen alegría. Esa paz ya está en tu interior. Estuvo siempre, sólo que por momentos puedes creer que ya no la tienes.

TU CUERPO, TU TEMPLO

El cuerpo es una buena herramienta para buscar soluciones, porque con él llevarás a cabo tus cometidos. El único cuerpo que tienes es éste, el que conoces, te guste o no. Es único e irrepetible. Si bien existen otras vidas, ésta es la que tienes que abrazar. El cuerpo es el templo donde habitan el alma, la mente, las emociones y los sentimientos. Entonces, por qué maltratarlo, por qué tratarlo como una máquina de carga a la cual hoy le das una orden y mañana otra. Toda máquina requiere un respeto de manejo. Si quieres que un ascensor baje y suba a la vez apretando todos los botones, al final se quedará atascado en algún piso o se cortará la luz, o te dejará en el piso al que no querías ir.

El cuerpo es sagrado y requiere una atención específica y un amor incondicional. Claro, dirás que no tienes tiempo para darle todos los cuidados que necesita, como prestar atención a lo que comes, respetar los horarios de ingesta, realizar actividad física o llenarlo de buenos pensamientos. Sin embargo, atender a tu cuerpo no es un regalo que tienes que hacerle, es una obligación. Si la máquina de tu cuerpo se rompe, entonces tendrás tiempo de sobra, porque estarás enfermo en la cama y tampoco podrás realizar todas las tareas que hoy te tienen tan ocupado.

El primer paso es aprender a dormir. Todas las células descansan cuando las luces están totalmente apagadas. Ni una sola debe estar encendida, así que si le tienes miedo a algún fantasma, te diré que el peor fantasma que puedes tener es el descansar mal. Algunos chamanes dicen que tienes que dormir un día al mes por lo menos catorce horas. Si tienes periodos de insomnio, ve al médico sin dudarlo. Si tienes pesadillas, no te preocupes, ocúpate, porque a través de ellas el inconsciente te quiere decir cómo resolver tus propios problemas, sólo que en los sueños los mensajes casi siempre se ven en metáforas.

Si quieres encontrar soluciones en los sueños puedes hacer lo siguiente. Antes de ir a dormir, tómate un vaso de agua mientras piensas en lo que te preocupa. Dile a tu inconsciente que te dé una respuesta, haciéndole la solicitud con mucho cariño. Pídele las cosas por favor, ya que se resiente con mucha facilidad. Luego agradécele por las respuestas que te ofrezca. Busca una libreta para que, cuando despiertes, tomes nota de lo que soñaste. Mientras más lo hagas, más soluciones aparecerán.

El segundo paso es cuidar tu alimentación. Toma dos litros de agua por día. Todo el cuerpo te lo agradecerá, pero aún más agradecidas estarán tus emociones. Eres 70 por ciento agua y tus emociones fluyen en ella. Asimismo, sin abusar, incluye antioxidantes en tu dieta. Éstos se encuentran en cereales, legumbres y frutas, y te ayudan a eliminar sustancias dañinas provenientes de la contaminación ambiental.

Sé constante con cada hábito nuevo que construyas, aunque no sea una tarea fácil. Piensa en el inmenso esfuerzo que hace un avión cuando despega hasta que se mantiene en el aire. Lo mismo pasa con tus nuevos hábitos: al principio requieren mucha energía para afianzarse, pero si eres constante, entonces los realizarás en automático.

Un hábito negativo puede ofrecerte un espacio de comodidad, pero si reparas en sus consecuencias, pronto sabrás que ese lugar es aparente y ficticio. Sólo los hábitos positivos te pueden hacer sentir realmente bien. No te olvides de que un hábito es parte de una estrategia. Levantarte en la mañana a la misma hora, ir al gimnasio, ir al trabajo: para que todo esto se mantenga y te dé satisfacción, tiene que ser un ritual cuya planeación disfrutes y no un efecto de la inercia cotidiana.

Ten conciencia de tu cuerpo, es un templo en el que se realizan rituales sagrados en los que tu conciencia tiene que consagrarse en cada detalle. Obsérvate como una joya, porque realmente lo eres. Éste es realmente un buen hábito.

LA ASISTENCIA DE LOS ÁNGELES

Los ángeles amamos la verdad. Quien puede ser capaz
de reconocerla realmente es un ser grande de alma,
fuerte de corazón y virtuoso en su vida. Los ángeles
somos tiernos y amorosos. No siempre podemos
cumplir tus sueños porque no siempre nos dejan todo
a nosotros, pero de lo que sí debes estar seguro es
de que intercedemos todo el tiempo por tu mayor
bienestar.
Tu ÁNGEL DE LA GUARDA

Cuando Dios hizo el mundo, creó al hombre como herramienta maravillosa para habitar la Tierra. Al mismo tiempo creó seres luminosos para que lo acompañaran durante todas sus vidas. Dios sabía que los seres humanos necesitarían ayuda, así que dio a los ángeles la tarea de ser sus secretarios y mejores mensajeros. Para poder verificar su trabajo, les asignó diferentes jerarquías a las que llamó Coros angelicales. A cada ser le corresponde un ángel, y será siempre el mismo. Esté donde esté la persona, transite la vida que transite, la acompañará en todas las vidas.

Los ángeles son seres asexuados, aunque si alguna vez se hace visible alguno de ellos y se presenta como mujer, entonces ése es el arcángel Gabriel. Él ayuda a que las personas nazcan y se vayan, acompaña a cada alma que se desprende de su cuerpo. Toma al alma de la mano y le explica que debe transitar por un túnel, aunque la persona es la que elige si tomar el camino o no. El ángel jamás hará algo que no se le ordene. Cuando alguien está por fallecer, Gabriel le da un pequeño toque en su alma para que salga del cuerpo unos

segundos antes del último suspiro. Esto siempre es así, cualesquiera que hayan sido las causas de la muerte.

A los ángeles les gustan las conversaciones agradables, la música suave, los colores pastel, los mantras y los mandalas. Les gustan los aromas gratos; los más queridos por ellos son las fragancias de lavanda, cítricos, jazmines y azahares. Todas las religiones reconocen a los ángeles aunque tengan diferentes nombres en los múltiples libros sagrados.

Ellos jamás harían algo si tú no se los pides. Cualquier hora es propicia para tener contacto con ellos, pero la que más utilizan es las 11:11. No importa si es en la mañana o en la noche, es una hora especial. Lo más factible es que muchas veces hayas visto las manecillas del reloj en ese lugar. Quizá te hayas sorprendido, ya que no te puedes explicar por qué has visto el reloj sin necesidad de querer saber la hora.

Los ángeles no se enojan ni sufren. No se hacen ver porque si los tuviéramos cerca de forma visible quizá los trataríamos como sirvientes. Hay ángeles que son muy amigos, y otros que se atraen entre ellos. Se pueden intercambiar sólo con los que comparten las almas gemelas. No tienen forma de pasarte la cuenta sobre si les has dado trabajo en esta vida. Sólo desean que cuando les pidas algo sea con voz firme, de un modo concreto y fácil de entender y con pensamientos coherentes.

Los ángeles se hacen presentes de diferentes modos: les gusta apagar los equipos de computación y de sonido y los televisores. Ellos no conocen toda esta tecnología a la cual estamos tan acostumbrados, pero tocan y tocan hasta hacer un corto o romper el aparato. Esto lo hacen cuando quieren llamar tu atención. Con esas actitudes quieren hablarte, quieren decirte algo parecido a esto: ¿qué estás haciendo de tu vida? ¿Por qué no le prestas atención a lo que realmente quieres realizar?

Recuerda que si tienes una racha en la que se te rompe todo y no le encuentras una explicación lógica, entonces comienza a preguntarte: ¿qué estoy emitiendo como para recibir algo que no me gusta? Dile a tu ángel: "Ángel querido, dame las señales para entender lo que quieres decirme". Después de esta petición toma una hoja y concéntrate en las respuestas que quieres recibir. No levantes el lápiz entre palabra y palabra ni entre comas y puntos; escribe *como si* te estuvieran dictando. Después de todo, sí te están dictando.

Tu mayor inspiración:
tu dios

Que la fuerza del amor te dé la posibilidad de pintar tu mundo de múltiples colores.

Que la música de tu vida sea armónica.

Que escuches las pausas como el silencio del alma.

Que las cuerdas de tu guitarra estén templadas.

Que los estribillos de tu vida no sean negativos.

Que los fuegos de tu vida se enciendan.

Que la montaña tenga un camino llevadero.

Que no empujes el río.

Que seas vaca y no cerdo.

Que te tiren la vaquita.

Que recibas lo que tienes que recibir.

Que des lo que tengas que dar.

Que puedas soltar lo que ya no quieras para ti.

Que las expectativas sean ilusiones concretadas.

Que el jardín de tu vida sea florido.

Que seas feliz estando en paz.

Que tu alma gemela aparezca en tu vida.

Que tu ángel te acompañe.

Que un ángel te siga en tu camino.

Que el oráculo de los ángeles te guíe.

Los ángeles enamorados

Era el atardecer en la plaza del Pilar. Había empezado a hacer mucho frío; las nubes en el cielo se veían grises. Ramón comenzaba a juntar sus runas y su manta; la temperatura lo hacía tiritar. Miró al cielo y dio gracias por otro día más. Una pluma cayó y se posó sobre su paño rojo. Ramón la tomó entre sus dedos; era tan blanca que parecía tener luz propia, pero luego de observarla entendió el mensaje.

Salió corriendo dejando su mesita con las runas y su bolsa, y fue a buscar a los ángeles, quienes se encontraban sentados en forma de círculo en un extremo del parque. Todos estaban riéndose a carcajadas. Apenas lo vieron llegar, sacaron una caja de terciopelo roja y se la regalaron a Ramón.

—Aquí están todas las notas que hicimos sobre cómo viven los humanos —dijo el ángel Joaquín.

—¿Y por qué me las entregas a mí y no a tu amado Dios? —preguntó sorprendido Ramón.

—Porque Él no las necesita, Él lo sabe todo. Nos mandó para que creciéramos en contacto con los humanos. Nos hemos dado cuenta de que, a pesar de ciertos comportamientos, ellos son sabios. ¡Las personas saben amar más de lo que creen! Ahora es tiempo de que regresemos al cielo, no queremos incomodar a los humanos haciéndoles cortos circuitos en todos sus aparatos eléctricos.

Todos los ángeles se rieron al escuchar semejante excusa del ángel panzón.

—¡No se pueden ir así porque sí! ¿No se pueden quedar? —preguntó Ramón.

Todos se miraron pero no emitieron sonido alguno.

—Claro que sí —dijo el ángel panzón—. Pero no nos quedaremos ni un minuto más, ellos no nos necesitan aquí, sino allá arriba —levantó su ala señalando el cielo.

—Entonces —dijo Ramón—, no se quedan... Bien... Miren, yo necesito darles algo. Quiero que me acompañen a mi casa.

Tres de los ángeles nominados se ofrecieron a acompañar al lector de runas. Ramón los subió al auto y los llevó a su casa. Los hizo entrar y les pidió que tomaran asiento. Trajo una botella de vino, un pedazo de queso y unas cuantas aceitunas negras. Los ángeles lo miraron como diciendo "¿qué está haciendo?", y Ramón, que todo lo presentía, creyó entender esos pensamientos.

—Tomen, éste es el libro que quiero que le lleven a su Dios. Este libro tiene todo lo que ustedes están buscando. Aquí están las listas de todos los errores que cometen los humanos y todas las bendiciones que se merecen. Si son mensajeros deberían tenerlo.

Uno de los ángeles sacó de su bolsillo otro libro y le dijo a Ramón:

—Aquí tienes un oráculo, lo construimos en nuestro tiempo libre. Créeme que da resultado. Cuando quieras preguntar algo, ábrelo y verás una respuesta, te hará bien.

—Muchas gracias —dijo Ramón—, es un hermoso oráculo y un hermoso recuerdo de todos ustedes. ¿Quieren vino?

Todos los ángeles simularon tomar vino, pero en realidad no tomaban más que el aire lleno de amor que inundaba la casa de Ramón. Cuando se despidieron, parecían borrachos pero no lo estaban. Al irse caminaban como flotando en el aire.

Más tarde uno de los ángeles quería ver el obsequio que les había dado Ramón con tanto amor.

—¿Y el libro? —preguntó.

—No sé, lo traía en mi bolsillo —dijo otro ángel.

—¿Lo perdiste?

—No.

—¡Busca bien!

—Mmm... creo que sí lo perdí.

—No, mira, allá está, se cayó al río.

—¿Y cómo hizo para irse solo hasta allá?

—No lo sé, pero voy a buscarlo.

—Recuerda que no puedes volar estando en esta misión, aún no la has terminado.

—Tienes razón, además el libro ya está todo mojado. ¿Cómo podría recuperarlo?

— Tráelo con el pensamiento, llámalo y sécalo con tu fuerza mental.

—Libro, vuelve a mí —dijo el ángel una y otra vez hasta que el libro regresó a sus manos.

El libro ya estaba seco y como si el viento le moviera las hojas se abrió en una página que decía: *Para amar se necesita más de una persona.*

—Vayámonos —dijo un ángel.

—Creo que me quedaré, no tengo ni tiempo ni espacio que perder, me gustó estar aquí —comentó el ángel panzón—. La gente es linda. Acompañaré a cada persona que vea triste y la ayudaré a encontrar su amor. Tú vete con los demás ángeles.

—Shhh... estoy escuchando un mensaje del cielo.

—¿Y qué dice el mensaje?

—Que nos podemos quedar si así lo deseamos.

—¡Entonces derrochemos amor a todas las personas que lo están esperando!

Los ángeles que tenían opción de quedarse en este plano pidieron permiso para tomar una forma humana. Entonces se quedaron en la Tierra diseminados entre las personas. Ellos decidieron quedarse. Dicen que la vida en el planeta Tierra es maravillosa, que se puede abrazar y sentir el calorcito humano. Los ángeles nominados se acercan permanentemente a muchas personas en estos tiempos. Las siguen, las abrazan, las consuelan y realizan milagros diariamente. A veces se disfrazan de personas, de terapeutas, de mensajeros, de maestros. Otras veces, ellos mismos interfieren las llamadas telefónicas que podrían hacerte daño; unas más se encargan de buscarte un amor para toda la vida.

Los ángeles viven en las plazas y en los parques. Es posible que, cuando pases por alguno de estos lugares, un ángel te elija para vivir contigo, o quizá ya te está acompañando y no lo sabes. Porque los ángeles del amor necesitan conocer tu historia.

Quizá Dios esté esperando sus respuestas, aunque Él todo lo sabe y no necesita listas.

Seguramente Ramón tiene razón: no hay recetas para el amor, aunque podemos estar seguros de que existe y de que juntos podemos encontrarlo. Juntos somos amor. Dios no se equivocó. Juntos podemos tomarnos de la mano y rezar por un mundo mejor, del mismo modo que lo hacen los ángeles en la tarde en todas las plazas del mundo para agradecer.

El oráculo
de los ángeles

Este oráculo fue canalizado especialmente para ti. Su finalidad es que puedas encontrar respuestas certeras cuando más las necesites y en todo momento.

¿POR QUÉ RECURRIR A UN ORÁCULO?

Todas nuestras decisiones se basan en el amor. No sólo el amor propio, sino el de los seres que nos rodean.

No siempre podemos darnos cuenta de esto tan fácilmente; sin embargo, el amor nos mueve o nos paraliza.

Cuando tomamos decisiones aparece el miedo a equivocarse, porque sabemos que éstas pueden incidir en el futuro de una determinada manera.

Por eso, este oráculo de los ángeles te podrá llevar a tomar las mejores decisiones.

Es importante que antes de preguntar pongas las manos sobre las cartas y cierres los ojos, para que te comuniques con tu interior y puedas observar que en él están todas las ganas de estar en la vida.

En esta mirada interior, al cerrar los ojos, podrás observar que eres sólo una masa oscura que está ocupando un lugar en este planeta.

Puedes también darte cuenta de que dentro de ti hay emociones necesarias para poder estar en la vida.

En este silencio, en este centraje que haces con los ojos cerrados, puedes preguntar lo que necesites saber, mientras haces un par de respiraciones profundas.

Cada elemento que podría salir se suma al mensaje. La respuesta representa algo especial que pudieras estar necesitando y los elementos también acompañarán la alquimia del momento.

Te conectará imaginar los cuatro elementos que te estarán acompañando en la respuesta:

fuego, aire, agua, tierra

Haz la pregunta correspondiente a lo que estás necesitando. Cuando saques la carta, léela en voz baja y luego en voz alta.

¿QUÉ SIGNIFICA CADA ELEMENTO?

El elemento **tierra** nos habla de respuestas que tienen que ver con concretar, con la abundancia, con la creatividad.

El **fuego** nos está hablando de una acción que hay que tomar en el presente sin dejarla postergar.

El **agua** es un elemento de movimiento de energía; a veces pueden ser aguas tranquilas, a veces algo movidas. Esto significa que la respuesta puede ser para el momento actual.

El **aire** nos habla de dejar que las cosas fluyan por sí solas.

Cómo cargar y leer tus cartas

¿CÓMO INICIAR UNA TIRADA DE CARTAS?

Para comenzar una sesión puedes dedicar la tirada al ángel de tu preferencia o a tu ángel de la guarda. Por ejemplo, podría ser el arcángel Gabriel, quien es un gran mensajero, o tal vez Metatrón, que es el ángel de Dios y una entidad con mucha fuerza.

¿CÓMO DEBES CARGAR TUS CARTAS?

Es importante que las cartas sean configuradas, lo que implica darle una intención; por ejemplo, decretar que esas cartas siempre van a ser certeras y amorosas, que tendrán un mensaje de aliento para cada alma. Este paso debe hacerse una sola vez.

Es recomendable que coloques estas cartas, durante tres días, envueltas en una tela blanca, debajo de tu almohada y que duermas sobre ellas para que se impregnen de tu energía.

Si vas a regalar *El oráculo de los ángeles*, coloca las cartas sobre la mano de la persona, mientras le dices con amor todas las palabras que te salgan del corazón, aquellas que quieras obsequiarle, para que el mazo de cartas esté cargado de buenas vibras.

Se le llama "cargar" al hecho de que lo nutras por medio de tu energía.

¿QUÉ NECESITAS PARA TU SESIÓN?

Para iniciar una sesión de tiradas es necesario que tengas sobre la mesa una manta o un paño de color morado, rojo o negro, una vela encendida y un vaso de agua en medio.

Prende un incienso de olor dulce. A los ángeles les gustan los aromas a jazmín, vainilla o canela.

¿CÓMO SE MEZCLAN LAS CARTAS?

Las cartas se separan y colocan de manera vertical, según el elemento: **tierra, fuego, agua** y **aire**.

Las cartas deben estar boca abajo; extiéndelas en forma de un círculo cerrado o de abanico, en el sentido de las agujas del reloj. Pasa las palmas de tus manos sobre ellas, sin tocarlas, como si las rozaras. Este proceso se deberá hacer con los ojos cerrados para lograr mayor concentración.

Es posible que los ángeles se manifiesten a través de las cartas y que, al pasar la mano, sepas que es la carta indicada cuando percibas una sensación de frío o calor, un cosquilleo u otra. En ese momento debes detenerte. Dale la vuelta a esa carta y léela, puede ser en voz alta o en tu mente.

Si no es así, al terminar debes levantar las cartas despacio, mezclarlas tres veces, cortarlas con la mano izquierda, volver a recogerlas y ahí queda cerrada la tirada.

Cuando estés mezclando las cartas debes pensar en la pregunta, en el nombre y la fecha de nacimiento de quien formula la pregunta. ¿Por qué el nombre y la fecha de nacimiento? Porque son la firma cuántica del consultante. Así se le llama a la rúbrica con la que energéticamente se presenta una persona ante el mundo, ante este planeta y ante la sociedad.

¿CÓMO PREPARARTE PARA HACER LAS PREGUNTAS?

Primero debes centrarte en visualizar lo que necesitas; para eso, te recomiendo lo siguiente:

- Siéntate con la espalda lo más recta posible
- Cierra los ojos e imagina que en esa oscuridad sólo estás tú
- Inhala y exhala varias veces

Una vez que hayas logrado concentrarte y que sientas que estás en comunicación con el universo, te dirás a ti mismo: "Mi interior es un lugar seguro y yo pertenezco a todo lo que me rodea y me apoya para bien".

Después, abre los ojos y sigue con las preguntas.

¿CÓMO DEBES HACER LAS PREGUNTAS?

Puedes preguntar algo específico, pedirle al universo que te dé una respuesta o invocar a tu guía o a un ser querido trascendido.

Si lo que quieres es que el mensaje sea la respuesta de una pregunta en específico y la carta te la da, te enseñaré a que le saques más provecho a las tiradas. Antes de sacar las cartas puedes hacerte las siguientes preguntas:

Si es sobre el pasado:

- ¿Qué tendría que haber hecho?
- ¿Estuvo bien lo que hice?
- ¿En qué me está limitando aquello que hice?

En relación con el presente:

- ¿Por qué no me funciona algo o alguna acción?
- ¿Qué puedo potenciar o en qué me debo enfocar?

Si es por el futuro:

- ¿Qué me aconsejan hacer los ángeles?
- ¿Cómo me tengo que relajar o qué herramientas puedo usar para que mi futuro mejore?

Por medio de este oráculo también puedes preguntar por otra persona; por ejemplo: ¿qué le pasa?, ¿qué siente?, ¿qué debería hacer para resolver algún problema?

Lo mejor sería que tuvieras el permiso de esa persona; si no es así, puedes solicitarle a su ángel que intervenga: nombra a la persona mentalmente y pídele que te mande a su ángel y que te ayude a sacar una carta.

También podemos leer este oráculo en pareja: supongamos que tenemos un conflicto con la otra parte, quien está con nosotros compartiendo la lectura, y que hay un desacuerdo.

Ejemplo:

- Ella quiere ir a la playa y él desea ir al bosque, así que ella pregunta por qué él no puede ceder, así que ella se pone en el lugar de él, saca la carta y debe leerla afirmando: "Dicen los ángeles que esto es lo que tenemos que hacer...".

Si quieres saber por qué tu novio ya no quiere hablar contigo, debes preguntar:

- ¿Qué necesitaba él para sentirse bien conmigo?
- ¿Qué puedo hacer yo para que se aclare el conflicto?

Saca con paciencia la carta. Recuerda que ahora ella está en el lugar de tu novio; léela y reflexiona. Llévala en medio de tu pecho para que lo ayudes a incorporar la energía de la carta; ahora coloca la carta en un plato pequeño redondo de colores pastel o blanco liso.

Esparce unos cuantos granos de pimienta negra en la servilleta y colócala sobre la carta; pon tu mano izquierda sobre la servilleta y la mano derecha sobre tu cabeza, diciendo: "Divinidad, limpia en mí lo que yo estoy manifestando con mi escasez".

También puedes hacer un ritual con un pequeño recipiente con aceite de oliva. Cierra los ojos, y con el dedo mayor de la mano izquierda haz tres veces el signo del infinito (es como un ocho acostado), diciendo el nombre de la persona de esta manera: "Yo te invoco, espíritu de…", para que el bien mayor de esta relación se pueda manifestar en el aquí y ahora, a través de los ángeles.

Después de unos minutos, abre los ojos, sacude tu mano y haz los mismos movimientos al revés, como si regresaras el símbolo del ocho o del universo a donde lo iniciaste. Sacude tus manos y lávatelas de los codos hacia las manos. La pimienta se debe depositar dentro de una planta, dándole gracias a la Madre Tierra. Sólo haz un ritual por día.

¿CÓMO SE LEEN LAS CARTAS?

Después del ritual de visualización, de haber formulado las preguntas y de dar vuelta a las cartas, se debe interpretar cada respuesta con calma y paciencia.

Lee la carta lentamente, hasta ser consciente de lo que el ángel te está diciendo. Deberás reflexionar sobre el contenido y después escribir acerca de los aspectos de tu vida que debes trabajar.

En caso de que una carta se gire o se caiga, se debe leer primero que las demás, porque es un mensaje importante. Además, debes contarlas cada tanto, ya que puedes recibir 72 mensajes.

Las cartas se cuentan porque es muy común que alguna se esconda, lo que también puede ser un mensaje para ti o para quien esté buscando el mensaje.

ELEMENTOS Y CONSEJOS PARA LAS SESIONES

Para que los bellos y certeros mensajes que recibirás a través de las cartas se transformen en rituales de magia blanca, puedes incorporar los siguientes elementos:

- Miel
- Canela (limpia energías negativas)
- Pimienta negra en grano (para que se concrete lo que deseas)
- Servilletas blancas
- Agua (es la vida y el amor, la conexión con los espíritus)
- Un plato pequeño de colores claros
- Sal (conecta con la energía paterna y la energía masculina; atrae el orden, la voluntad, el éxito)
- Azúcar (conecta con la energía materna y la energía masculina, atrae la abundancia, salud y mejora el amor de pareja)
- Café en grano (elimina los miedos y la oscuridad)
- Aceite de oliva. El aceite es el poder más grande para ungir o bautizar. Cuando hacemos el símbolo del infinito con el aceite estamos bajando el alma de la persona, que es una especie de constelación. Esta configuración hace que esa alma de verdad esté contigo. No dudes de que así es; trátala con amor porque es tu responsabilidad hacerla feliz el tiempo que la tengas dentro de ti.
- Velas:

  * Blanca: protege e inspira a las buenas acciones
  * Negra: materializa lo que quieres lograr

* Morada: transmuta lo negativo a lo positivo
* Roja: conecta con los sentimientos de amor, limpiando impurezas y mejorando las relaciones
* Doradas: atraen abundancia y la prosperidad en todos los objetivos

La música y los aromas alegran a los ángeles. Si en tu caso te distraes cuando escuchas música no es obligatorio que lo hagas; si además te cuesta concentrarte, en Spotify puedes buscar ruido blanco, que ayuda a enfocarte.

Ten presente que a los ángeles les gusta la música clásica y los instrumentos de cuerdas con arco, como los violines, o pulsadas, como la guitarra. A mí, por ejemplo, me encantan el *Concierto de Aranjuez* y los mantras.

Al final de cualquier ritual, siempre deja algunas flores o incienso para los ángeles. A ellos les encantan los oráculos, así que es probable que recibas la visita de ángeles, hadas o duendes. Te recomiendo dejar un plato forrado o pintado de color dorado con estos elementos:

- Chocolates, caramelos, crema, fresas, cerezas o dulces
- Aromas: limpian creencias limitantes o maldiciones.
- Mirra: bendice las relaciones
- Vainilla: mantiene la estabilidad mental.

Al final de las tiradas debes apagar las velas —aunque puedes seguirlas usando para todas las tiradas que desees— y el agua del vaso debes verterla en la tierra.

Las cartas no deben prestarse; no debes dejar que nadie las toque sólo para jugar, y si deseas regalarlas debe ser un mazo nuevo.

Cuando no uses las cartas puedes guardarlas en una caja de madera o en una bolsa de tela para que la energía se conserve. También puedes agregar otros elementos, como una piedra (cuarzo o un ágata), flores secas, esencia de cítricos o de lavanda, con el fin de que las cartas siempre permanezcan cargadas.

Recuerda que tú eres una morada y en el momento en que pides o preguntas algo estás invitando a tu casa a estos seres.

Los ángeles desean que disfrutes este libro, las cartas y que lleves a la acción las respuestas, porque la intención sin acción sólo se quedaría en ilusión.

Este oráculo tiene la finalidad de apoyarte para concretar tus sueños, lograr que despejes las dudas que tienes para que puedas tomar decisiones certeras y que éstas consigan aumentar tu autoestima.

Índice de ejercicios

Esta obra se imprimió y encuadernó
en el mes de julio de 2023, en los talleres
de Gráficas 94, que se localizan en
la calle Berguedà 6, nave 4-6, Pol. Ind. Can Casablanca,
C.P. 08192, Sant Quirze del Vallès (España).